오늘 살 힘

오늘살힘

이찬수

규장

쇠락의 자리에서
희망의 자리로

미국 공화당의 차기 대통령 후보로 트럼프가 선출되었다는 소식이 전해졌을 때, 모두들 놀랐다. 그렇게 많은 막말과 말실수를 쏟아놓은 사람이, 더군다나 인종차별주의자라느니 여성혐오주의자라느니, 심지어 수많은 미국 언론으로부터 개념 없는 무식한 사람이란 악평을 받은 사람이 대통령 후보로 선출되다니.

그래서 그의 후보 당선은 '미국 역사상 가장 특이한 대선'이라는 별명을 낳았다. 상황이 이렇다 보니 이 독특한 현상에 대해 분석하는 글들이 많다. 예를 들면, 미국 사람들이 가지고 있는 미래에 대한 불안감이 이런 결과를 가져왔다는 분석이나, 뭔가 색다른 것에 대한 목마름의 분출이 이런 결과를 가져왔다는 등의 분석이 그것이다.

이런저런 분석 중에 내 눈에 들어온 것이 있다. 지금 미국 사람들 사이에 불고 있는 '트럼프 현상'을 '쇠락, 소외, 분노, 희망'이라는 네 가지 키워드로 설명할 수 있다는 것이다.

미국 사람들 사이에 불고 있다는 네 가지 키워드를 살펴보면서, 이것이 미국뿐만 아니라 전 세계의 공통된 키워드이지 않을까 하는 생각을 해보았다. 그러면서 이것이 영적인 침체기를 겪고 있는 한국 교회의 현실에도 그대로 접목될 수 있는 키워드란 생각이 들었다.

그래서 가장 앞에 나오는 '쇠락'이라는 단어의 사전적 의미를 찾아봤다.
"쇠약하여 말라서 떨어짐. '쇠퇴'로 순화."
순화된 단어로 대신 사용하라는 '쇠퇴'의 사전적 의미는 이랬다.
"기세나 상태가 쇠하여 전보다 못하여 감."
그러고는 다시 '쇠락, 소외, 분노, 희망'이라는 네 가지 키워드를 가만히 들여다보니 가슴이 아팠다.

나는 교회가 불같이 일어나던 1970년대에 청소년기를 보냈다. 그야말로 교회 간판만 걸면 교단을 불문하고 사람들이 찾아들던 시대였다. 가을이면 교실마다 들어가 교회에서 하는 '문학의 밤' 초청장을 돌리는 것이 낯설지 않았고, 교회 다닌다는 사실이 자랑스럽기까지 하던 시절이었다. 심지어는 자기도 교회에 좀 데려가달라고 매달리던 친구가 있을 정도였다.

이런 이야기들이 아득한 꿈처럼 느껴지는 지금의 한국 교회는 글자 그대로 '쇠락'의 아픔을 겪고 있다. 어쩌면 좋은가?

이런 마음으로 '트럼프 현상'을 몰고 왔다는 네 가지 키워드를 다시 들여다보았다. 쇠락과 소외와 분노를 지나면 맨 마지막에 '희망'이라는 키워드가 나온다. 물론 여기서 말하는 '희망'은 '트럼프가 우릴 구해낼 것'이라는 차원에서의 희망이다.

하지만 나는 또 다른 차원에서 이 네 번째 키워드를 바라보았다.

그때에 너희는 그리스도 밖에 있었고
이스라엘 나라 밖의 사람이라
약속의 언약들에 대하여는 외인이요

여기 보니 '그때에'로 시작되는 예수 그리스도가 없던 시절의 상황을 설명하는 표현 중에 "세상에서 소망이 없고"란 말이 있다.

그런데 그다음 13절을 보니, "이제는 전에 멀리 있던 너희가 그리스도 예수 안에서 그리스도의 피로 가까워졌느니라"라고 되어 있다. 이 부분을 새번역으로 보면 이렇다.

여러분이 전에는
하나님에게서 멀리 떨어져 있었는데,
이제는 그리스도 예수 안에서
그분의 피로
하나님께 가까워졌습니다 엡 2:13, 새번역

나는 이 13절 말씀을 '쇠락, 소외, 분노, 희망'이라는 네 가지 키워드를 완성하는 말씀으로 읽는다. 쇠락과 소외와 분노를 거친 진정한 '희망'은 죄악으로 하나님과 멀리 떨어져 있던 우리를 건져준 예수 그리스도의 십자가이다.

깊은 '쇠락'의 자리에 빠진 한국 교회의 현실을 보며 우리는 또다시 에베소서 2장 13절 말씀을 붙잡아야 할 때라고 믿는다.

무엇이 부흥인가?

죽은 것을 다시 살리시는 하나님의 주권을 믿고 그분 앞으로 나아가는 것이 부흥이다.

우리가 왜 이리 하나님과 멀어져버렸는지를 점검하며 그 모든 원인이 우리의 죄악에 있음을 자각하는 것이 부흥이다.

원수 되었던 하나님과의 관계를 양자의 관계로 회복시켜주신 예수 그리스도의 십자가를 붙잡는 것이 부흥이다.

무엇보다도 그 일이 가능하도록 가슴을 치며 회개의 자리로 나아가는 것이 부흥이다.

예수전도단 8집 〈부흥〉 앨범에 나오는 '부흥'이라는 찬양을 듣다가 눈물을 흘렸다. 앞부분에 나오는 인도자의 기도가 내 마음을 미어지게 했다.

> 살아 계신 하나님 아버지
> 하나님을 섬긴다고 하면서도 죄악을 사랑하고
> 마음의 원하는 길을 따라 살던 우리를 용서하시옵소서

이제 회복시키시고 치유하시는 예수님의 보혈로

우리를 정결케 하옵시고

성령의 능력으로 기름부으사

만민을 위하여 일어나게 하시옵소서

흰 옷을 입은 하나님의 거룩한 백성들이

이 땅 가득하게 일어나

열방을 향하여 행진해 나아가게 하시옵소서

주여, 주의 일을 이 수년 내에 부흥케 하시옵소서

이 수년 내에 나타내시옵소서

진노 중이라도 긍휼을 잊지 마시옵소서

한반도 땅에 이 노랫말의 맨 마지막 가사가 구현되는 그날이 속히
오기를 간절히 소망한다.

주의 영광 가득한 새날 주소서!

주님 나라 이 땅에 임하소서!

이찬수 목사

CONTENTS

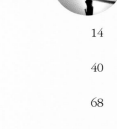

:: PART 1

부흥, 오늘을 사는 힘

#
지금. 우리는. 어떤가?

하나님과의 관계가 단절된 사람들에게 찾아오는
이유를 알 수 없는 **공허함**이 삶을 채우고 있진 않은가?

누릴 것 다 누리며 사는 것 같은데,
자려고 누우면 뭔가 마음이 불안하고 불편하고 허전한가?
그렇다면 지금, **부흥**이 필요한 상태다!

육안으로 보기엔 희망이 없는 것 같은데,
이미 죽은 것 같은데 살려주시는
하나님을. 갈망하는. 마음을. 회복하는 것.
이것이. 부흥이다.

너무나 힘든 현실을 살아가는 사람들이 많다.
그러나. 우리의 삶은. 그렇게. 끝나지. 않는다.
주님이 다스리는 나라가 되면
사막에 샘이 넘쳐흐르고 꽃이 피며 **꽃동산**이 될 것이다.

우리의 삶이 힘들수록 주님이 다스리시는 그 나라를 **갈망하자.**
그 나라를 사모하자.

하나님의 일하심은 그때부터 시작될 것이다.
하나님의. 부흥이. 그때부터. 시작된다!

... *1*

다시 살리신다

여호와여 내가 주께 대한 소문을 듣고 놀랐나이다

여호와여 주는 주의 일을

이 수년 내에 부흥하게 하옵소서

이 수년 내에 나타내시옵소서

진노 중에라도 긍휼을 잊지 마옵소서

의심이 신뢰로

'부흥'이라는 단어는 교회에서 자주 사용되는 단어 중 하나이다. 부흥을 주제로 만든 찬양도 많고, '부흥회'란 이름으로 1년에 한두 번 외부 강사를 모셔서 집회를 열기도 한다. 개인, 교회 할 것 없이 모두가 부흥을 갈망하는 만큼 이 단어는 그 의미가 깊다.

그런데 의외인 것은 부흥이란 단어를 이렇게 많이 사용하고 갈망하지만, 정작 부흥이 무슨 뜻인지 정확하게 아는 사람은 의외로 많지 않다. 부흥이란 주제로 설교를 준비하면서 몇 사람에게 질문을 던져봤다.

"부흥이 뭡니까? 당신은 부흥이 뭐라고 생각합니까?"

그랬더니 자신 있게 대답하는 사람들이 많지 않았다. 이게 참 아이러니다. 기독교 신앙에 있어서 부흥은 굉장히 중요한 의미를 가지고 있는데, 그에 대해서 잘 모르고 있다.

당신도 잠깐 생각해보라. 당신은 부흥을 알고 있는가? 무엇이 부흥인가?

그리고 대부분의 경우는 부흥을 숫자 혹은 성장과 연관시킨다. 내가 처음 분당우리교회를 개척하고 나서 나를 아끼는 선배 목사님이나 주변 지인들이 관심을 가지고 늘 물어오던 질문이 있었다.

"요즘 교회는 어떻습니까? 좀 성장했습니까? 부흥했습니까?"

이 질문에 "올 초에는 몇 명 모이다가 지금은 조금 늘어서 이제 몇 명 정도 모입니다"라고 대답하면, 다시 돌아오는 대답은 "많이 성장했네요" 혹은 "많이 부흥했네요" 둘 중 하나였다. 즉 숫자적으로 교세가 많이 성장한 것과 부흥한 것을 같은 개념으로 생각했단 뜻이다.

나도 간혹 교회를 개척한 후배 목사들에게 이렇게 묻는다.

"요즘 교회는 어떻습니까? 교회는 좀 성장했습니까?"

그러면 돌아오는 대답도 둘 중 하나이다. "우리 교회가 30명으로 시작했는데, 지금 100명으로 성장했습니다" 혹은 "30명으로 시작해서 지금 100명으로 부흥했습니다." 이때도 수적인 성장과 부흥을 같은 개념으로 이해하고 있음을 알 수 있다.

그런데 성경이 말하는 부흥은 이런 게 아니다. 우리가 '부흥'에 대해 잘 알지 못한 채 신앙생활을 하다 보니 이런 어려움이 생긴다. 게 다가 부흥에 대한 개념이 정리가 되지 않은 상태에서 이런저런 설교를 듣다 보면 그 잘못된 생각들이 더 깊어진다. 그래서 다른 무엇보다 부흥에 대한 개념을 잘 정리하는 게 필요하단 생각이 들었다. 그러기 위해 '성경이 말하는 부흥'에 대해 먼저 살펴보고자 한다.

악으로 악을 친다?

하박국서 3장 2절은 한글성경에서 '부흥'이란 단어가 언급되는 유일한 곳이다.

> 여호와여 내가 주께 대한 소문을 듣고 놀랐나이다
> 여호와여 주는 주의 일을 이 수년 내에 부흥하게 하옵소서 합 3:2

어떤 배경에서 이 같은 말씀이 나왔을까? 하박국서는 하박국 선지자가 하나님 앞에서 많은 의문과 의혹과 섭섭한 마음을 토로함으로 시작한다.

> 여호와여 내가 부르짖어도 주께서 듣지 아니하시니 어느 때까지리이까 내가 강포로 말미암아 외쳐도 주께서 구원하지 아니하시나이다
> 어찌하여 내게 죄악을 보게 하시며 패역을 눈으로 보게 하시나이까

하박국 시대에는 악과 불의가 난무했다. 그래서 2장에 보면 '자기 소유 아닌 것을 모으는 자'(합 2:6), '자기 집을 위하여 부당한 이익을 취하는 자'(합 2:9), '피로 성읍을 건설하며 불의로 성을 건축하는 자'(합 2:12), '이웃을 혼미하게 하여 수치를 드러내어 즐기는 자'(합 2:15 참조) 등 악한 자들에 대한 표현이 반복해서 나온다. 그만큼 시대가 악했다는 것이다.

이런 상황에서 하박국 선지자가 하나님에 대해 가지고 있던 불만과 섭섭함이 무엇인가?

"하나님은 왜 이런 악을 방치해두십니까?"

그는 이런 상한 마음으로 하나님께 항변했다. 그때 하나님은 이렇게 말씀하셨다.

"좀 기다려라. 내가 '바벨론'이란 나라를 들어서 이 타락한 유다 민족을 심판할 계획을 가지고 있다."

하나님의 말씀을 들은 하박국 선지자는 답을 얻어 시원한 게 아니라 더 혼미해졌다. 왜냐하면 바벨론은 유다 민족보다 더 악한 사람들이었기 때문이다. 하박국서에서 묘사하고 있는 바벨론이란 나라를 한번 보자.

보라 내가 사납고 성급한 백성 곧 땅이 넓은 곳으로 다니며 자기의 소유가 아닌 거처들을 점령하는 갈대아 사람을 일으켰나니 합 1:6

그들은 다 강포를 행하러 오는데 앞을 향하여 나아가며 사람을 사로 잡아 모으기를 모래같이 많이 할 것이요 합 1:9

그들은 자기들의 힘을 자기들의 신으로 삼는 자들이라 이에 바람같이 급히 몰아 지나치게 행하여 범죄하리라 합 1:11

하박국 선지자는 이해할 수가 없었다. 아니, 악을 심판하시겠다는 하나님이 어떻게 그 일에 더 악한 존재를 사용하실 수 있느냐는 말이다.

주께서는 눈이 정결하시므로 악을 차마 보지 못하시며 패역을 차마 보지 못하시거늘 어찌하여 거짓된 자들을 방관하시며 악인이 자기보다 의로운 사람을 삼키는데도 잠잠하시나이까 합 1:13

하박국 선지자가 이렇게 다시 항변할 때 하나님께서 주신 대답이 이것이다.

부흥, 오늘을 사는 힘

이 묵시는 정한 때가 있나니 그 종말이 속히 이르겠고 결코 거짓되지 아니하리라 비록 더딜지라도 기다리라 지체되지 않고 반드시 응하리라 합 2:3

이 말씀의 뜻은 이렇다.

"좀 더 기다려라. 내가 바벨론을 들어 유다 백성을 심판하는 것으로 역사가 끝나는 것이 아니다. 바벨론을 사용하여 이 민족을 징계하겠지만, 그 바벨론에 대한 심판도 예비되어 있다. 기다려라."

부흥의 첫 단추

이렇게 하박국서 1,2장은 하박국 선지자가 섭섭한 마음, 이해가 안 되는 현실의 문제들을 가지고 하나님께 탄원하고 질문하고, 그에 대해 하나님이 답을 주시는 것으로 전개된다. 그 과정을 거치며 하박국 선지자는 하나님에 대해 의심하고 회의를 느꼈던 많은 것들이 하나님의 말씀으로 정리가 되는 것을 경험했다. 그로 인해 너무나 기쁜 마음으로 흔쾌히 하나님께 드린 기도가 하박국서 3장 2절 말씀이다.

여기서 하박국 선지자가 하나님께 가장 먼저 드리는 말씀이 무엇인가?

"여호와여 내가 주께 대한 소문을 듣고 놀랐나이다."

여기에 나오는 '소문'은 원어로 보면 '업적, 명성'이란 뜻을 가지고 있다. 이것이 무슨 의미인지 짐작할 수 있지 않은가?

일차적으로는, 하박국이 하나님이 깨우쳐주시는 말씀을 듣고 하나님이 하시는 일들에 대한 신뢰를 표현하는 의미로 이 단어를 사용하고 있는 것이다. 이차적으로는, 홍해를 건너는 출애굽에서부터 광야에서 어떻게 인도하셨고 가나안에 들어와서는 어떻게 인도하셨는지, 하나님이 지금까지 자기 민족에게 어떤 은혜를 베풀어주셨는지, 그 놀라운 일들을 기억하면서 하나님이 하시는 일들에 대한 신뢰를 표현하는 단어이다.

이처럼 부흥의 첫 단추는, 하나님에 대한 의혹, 하나님에 대한 의심, 하나님에 대한 여러 가지 풀리지 않는 마음들이 풀리면서 흔쾌한 마음으로 하나님께 나아가는 것에서부터 시작된다. 이제 구체적으로 이 하박국 말씀을 중심으로 성경이 말하는 부흥에 대한 몇 가지 정의를 살펴보자.

부흥은 죽은 것을 살리는 것

"여호와여 주는 주의 일을 이 수년 내에 부흥하게 하옵소서."
여기 나오는 '부흥'이란 단어는 히브리어로 '카야', 영어로는 'live',

즉 '생명'을 뜻한다. 문맥적으로 하박국이 탄원하고 노래하는 이 표현이 뭘 의미하겠는가? 하박국이 뭘 알았는가? 그는 자기 조국 남유다가 타락하여 범죄함으로 말미암아 바벨론이란 포악한 나라에 잡혀가 곧 징계 당하게 될 것이란 사실을 알았다. 그래서 여기 나오는 '부흥'은 '죽은 것이나 다름없는 것을 다시 살린다'라는 뜻으로 설명할 수 있다.

쉽게 말해서, 감기 정도 걸렸는데 그 감기 낫게 해달라는 의미로 "하나님, 부흥케 하소서"라고 하는 것은 문맥에 맞지 않는 얘기란 것이다. 교회를 개척했는데, 성도들의 숫자가 30명에서 100명으로 늘어났다고 해서 "우리 교회가 부흥했습니다"라고 하는 것 역시 전혀 문맥에 맞지 않는 이야기다. 부흥이란, 죽은 것이나 다름없는 것을 다시 살려내는 것이다.

구약에 보면, 여기서 '부흥'으로 번역된 '카야'라는 단어가 여러 군데서 사용되는 것을 볼 수 있다. 그중 몇 군데만 살펴보자.

여호와께서 엘리야의 소리를 들으시므로 그 아이의 혼이 몸으로 돌아오고 살아난지라 왕상 17:22

이 구절의 '살아난지라'가 '부흥'으로 번역하고 있는 '카야'이다. 죽은 아이가 살아나는 것이 부흥이다.

또 다른 곳을 보자.

여호와께서 이스라엘 족속에게 이와 같이 말씀하시기를 너희는 나를
찾으라 그리하면 살리라 암 5:4

여기서도 '살리라'가 '카야'이다. 아모스서 5장 6절도 마찬가지
다. "너희는 여호와를 찾으라 그리하면 살리라"의 '살리라'가 카야
이다. 하박국서 2장 4절을 보자.

보라 그의 마음은 교만하며 그 속에서 정직하지 못하나 의인은 그의
믿음으로 말미암아 살리라 합 2:4

여기서 '살리라'라고 번역된 단어도 '카야'이다. 이처럼 구약에서
'카야'라는 단어가 사용되는 대부분의 경우, 하나님과의 관계 단절
로 인해 죽은 것 같은 상태에서 다시 살아나게 하는 것이란 뜻으로
쓰이고 있다.

진짜 부흥이 필요한 때

우리 모두가 통감하고 있는 것처럼, 오늘날 조국 대한민국의 교회

부흥, 오늘을 사는 힘

들은 그냥 독감에 걸려서 기침하고 있는 정도가 아니다. 지금 대부분의 한국 사람들은 '교회' 하면 고개부터 젓는다. 교회를 섬기는 목회자들을 저질, 사기꾼들이라고 생각한다. 우리는 땅 끝까지 이르러 복음을 전해야 하는 사람들이다. 복음을 전해야 하는 사람들은 세상 누구보다 더 신용과 신뢰로 무장되어야 하는데, 이렇게 이 땅의 크리스천의 이미지가 '신뢰하기 힘든 사람'으로 낙인찍혀서야 어떻게 복음이 전해지겠는가?

교회에 대한 이런 이미지가 고착되어 가고 있는 현실에서 한두 교회가 각성하고 정신 차린다고 해서 한국 교회가 살아나겠는가? 아무리 생각하고 또 생각해도 그럴 것 같지 않다. 가슴 아프게도 인간적인 생각으로는 한국 교회에 더 이상의 희망은 없어 보이고 회복도 불가능해 보인다.

이것이 우리를 슬프게 하지만 오히려 여기에 희망이 있다. 역설적이긴 하지만 이런 어두운 현실이기 때문에 하나님께서 생각하시는 진짜 부흥이 가능할 수 있기 때문이다.

마태복음 14장에서 예수님 없이 제자들끼리 배를 타고 가다가 풍랑을 만나 죽을 고생하던 사건을 기억하는가? 제자들이 밤새도록 풍랑과 싸우며 자기들이 가진 기술과 노하우를 다 동원했지만, 도저히 자기들 실력으로는 풍랑을 잠재울 수 없어 낙심하던 상황 말이다. 그야말로 절망의 상황 아닌가? 나는 '우리 스스로는 이 풍랑을 헤쳐 나갈 수 없다'고 자각하는 순간을 '영적인 밤 사경'이라고 부르기를 좋아한다. 왜냐하면 예수님이 그날 '밤 사경'에 나타나셨기 때문이다.

우리의 무능함과 무기력을 깨닫는 순간부터 하나님의 일하심이 시작된다. 다시 말해 우리의 무기력을 자각하는 '밤 사경'은 진정한 부흥이 시작되는 시간이다.

가정을 한번 돌아보라. 그냥 부부 관계가 조금 안 좋고 의견이 잘 안 맞아서 자주 싸우는 정도라면 부흥이 필요한 상황은 아니다. 노력하면 되는 일이다. 부흥이 필요한 가정은, '이제 우리 가정은 끝났다, 이혼 말고는 다른 대안이 없다'라고 외치는 벼랑 끝에 서 있는 가정이다. 막다른 길 앞에서 "하나님, 희망 없는 우리 가정을 살려주옵소서! 우리 자녀를 살려주옵소서"라고 기도하는 것이 부흥이다.

그렇기 때문에 부흥이란 단어는 아무 데나 갖다 붙여 쓰면 안 된다. 나는 감히 "우리 교회가 부흥하고 있습니다"라는 말을 잘 못하겠다. 사람 많이 모이면 그게 부흥인가? 숫자 늘어나면 부흥인가? 양적으로 성장한 것을 부흥이라고 생각하면 안 된다.

진짜 "우리 교회가 부흥하고 있다"고 자신 있게 말하려면, 여기저기서 죽어가는 자들이 살아나는 회복이 일어나고, 가정이 하나 되고, 자녀들이 돌아오는 놀라운 역사들이 일어나야 한다. 그래야 '부

부흥, 오늘을 사는 힘

흥'이란 표현을 쓸 수 있는 것이다.

이사야서에는 히스기야 왕이 자기가 곧 죽게 된 상황인 것을 알고 눈물로 부르짖는 애절한 장면이 나온다.

> 주여 사람이 사는 것이 이에 있고 내 심령의 생명도 온전히 거기에 있사오니 원하건대 나를 치료하시며 나를 살려 주옵소서 사 38:16

히스기야의 마음이 짐작이 가는가? 목회를 하다 보니, 히스기야의 심정을 가지고 울며 기도하는 분들을 정말 많이 보게 된다. 그런 분들을 보면 너무 안타까워서 어떻게라도 도와주고 싶고 눈물을 닦아주고 싶은데 그게 잘 안 된다. 그 눈물은 죽음의 상태에서 부르짖는 절박한 눈물이기 때문이다. 이것이 '카야', 곧 부흥이다.

부흥을 꿈꿀 수 있는 자

누가 부흥을 꿈꿀 수 있는가? 지금까지는 내 삶에 대해 만족하며 살았다. 월급도 그럭저럭 받고, 애들도 쑥쑥 알아서 잘 커주고, 먹고 싶은 것 먹을 수 있고, 가고 싶은 데 갈 수 있고, 이만하면 좋은 집, 좋은 차 굴리며 그럭저럭 잘살고 있는 거라고 생각했다. 그러다 어느 날 갑자기 뼈아픈 자각을 하게 되는 것이다.

'내가 지금까지 배부른 돼지로 살았구나! 겉만 멀쩡하다고 잘살고 있다고 착각했구나! 내 영은 다 죽어가고 있는데, 우리 아이들의 영은 다 죽어가고 있는데…! 비싼 옷 사주고 용돈 많이 준다고 살아 있는 게 아닌데…!'

깊은 절망 속에서 이것을 자각하는 사람이 구할 수 있는 게 부흥이다.

개인적으로 이 말씀 앞에 너무 깊은 찔림을 받는다. 겉으로 보기에 분당우리교회는 아무런 문제가 없다. 성도들이 많이 모이고, 이름도 알려졌고, 문제 일으키는 성도들도 별로 없다. 그러다 보니 부흥하고 있다고 착각하고 있는 건 아닌지 문득 두려워진다. 그러나 진짜 부흥은 이런 게 아니다. 어느 날 하나님 앞에 홀로 대면하여 기도하다가 하나님이 주시는 말씀 앞에서 히스기야처럼 "사람이 사는 것이 이에 있고 내 생명도 온전히 거기에 있사오니 원하건대 나를 치료하시며 나를 살려주옵소서"라고 자각하는 상태, 이것이 부흥을 꿈꾸는 상태이다.

지금 우리의 상태는 어떤가? 부흥이 필요하지 않은가? 우리의 가정, 우리의 자녀들에게 부흥이 필요한 게 아닌가? 하나님과의 관계가 단절된 사람들에게 찾아오는 이유를 알 수 없는 공허함이 우리의 삶을 채우고 있진 않은가? 누릴 것 다 누리며 사는 것 같은데, 자려고 누우면 뭔가 마음이 불안하고 불편하고 허전한가? 그렇다면 지금, 부흥이 필요한 상태다!

부흥은 하나님의 주권을 인정하는 것

성경이 말하는 부흥은, 하나님의 주권을 인정하는 세계관을 갖는 것이다. 부흥과 관련하여 가장 중요한 포인트는, 누가 부흥을 주도하는가 하는 '주도성'의 문제이다. 인간이 주도하는 것은 부흥이 아니다. 하박국서 3장 2절을 다시 보자.

"여호와여 주는 주의 일을 이 수년 내에 부흥하게 하옵소서."

여기 나오는 '주의 일'을 알려면 하박국서 1장 5절을 봐야 한다.

여호와께서 이르시되 너희는 여러 나라를 보고 또 보고 놀라고 또 놀랄지어다 너희의 생전에 내가 한 가지 일을 행할 것이라 합 1:5

하나님께서 하시겠다는 일이 무엇인가? 타락한 유다 백성을 내버려두지 않고 바벨론을 들어서 이 민족을 징계하시겠다는 것과 그에서 끝나지 않고 바벨론도 징계하시겠다는 것이다. 하박국 선지자는 지금 하나님의 주권을 인정하며 하나님이 그 하나님의 일을 행하시기를 위해 기도하는 것이다. 그것이 부흥이기 때문이다.

부흥과 관련하여 가장 중요한 포인트가 '주도성'의 문제라면, 지금 나의 삶은 누가 주도하고 있는가? 우리 가정은 누가 주도하고 있는가? 우리 교회는 누가 주도하고 있는가?

개인적으로, 나는 지난 2007년에 우리나라를 휩쓸었던 부흥운동을 생각하면 마음이 아프다. 그때 무슨 일이 있었는가? 평양대부흥 100주년을 기념하면서 한국의 온 교회가 일어나 '부흥'이란 슬로건을 내걸고 수백 명, 수천 명씩 모이는 연합집회를 가졌다. 눈물로 부흥을 부르짖고 부흥을 노래했다.

그런데 그렇게 해서 100년 전 있었던 평양대부흥과 같은 부흥이 구현되었는가? 구현이 안 된 정도가 아니라 부흥을 부르짖던 그때 이후로 오히려 교회가 내리막길을 달리기 시작하지 않았는가? 놀랍게 존경받는 목사님들이 이렇게 쓰러지고 저렇게 쓰러지고, 놀랍게 주목받던 교회들이 이런저런 이유로 어려움을 겪는 일들이 연거푸 일어났다. 이게 어떻게 된 일인가? 아니, 부흥을 그렇게 갈망했는데, 제자리에 두신 정도가 아니라 더 미끄러지게 하신 하나님의 일하심 속에는 무슨 메시지가 있는 것인가?

뭐가 문제였을까?

이런 일들을 통해 우리가 점검해야 할 것이 무엇인가? 혹시라도 우리가 집회를 계획하고, 우리가 집회를 열어 소리쳐 외치고, 우리가

부흥, 오늘을 사는 힘

소리 높여 노래하면 부흥이 일어날 수 있다는 확신, 다시 말해 우리 노력과 힘으로 부흥을 이뤄낼 수 있다는 교만은 없었는지 점검하고 돌아봐야 한다.

부흥은 우리가 소리 지른다고 일어나는 게 아니다. 우리가 철저하게 자각해야 하는 것은, 부흥의 주도성은 하나님께 있다는 사실이다. 부흥의 주도권이 하나님께 있음을 인정하고 겸손히 은혜를 구해야 한다. 그리고 우리는 인간의 자리, 종의 자리로 돌아가야 한다. 여기서부터 부흥이 시작된다.

마태복음 14장에 베드로가 예수님을 좇아 물 위를 걷는 장면이 나온다. 많은 사람들이 베드로가 믿음으로 물 위를 걷다가 두려움이 일면서 물에 빠졌다는 것은 기억하는데, 이 장면의 결론을 기억하는 사람은 거의 없다.

> 배에 있는 사람들이 예수께 절하며 이르되 진실로 하나님의 아들이로소이다 하더라 마 14:33

이 장면의 가장 중요한 포인트는 베드로가 물 위를 걸었다는 게 아니다. 그 일을 통하여 배에 있는 모든 사람들이 예수님께 절하며 "진실로 하나님의 아들이로소이다"라고 주님의 주권을 인정해드린 것에 있다. 바로 앞에서, "만일 주님이시거든 나를 명하사 물 위로

오라 하소서"라고 가정법을 붙여 나약하게 고백하게 했던 베드로의 신앙고백이 배에 있던 모든 사람으로 하여금 "진실로 주님은 하나님의 아들이십니다"라는 단호한 신앙고백으로 바뀌게 했다는 게 이 본문의 가장 중요한 핵심이란 것이다.

마틴 로이드 존스 목사님이 이런 말을 했다.

"여러분이 부흥을 일으킬 수는 없습니다. 전적으로 하나님께 달려 있습니다. 그렇기 때문에 하나님께 기도하고 간청하고 탄원하고 간구하는 것입니다. 부흥은 우리가 주도하는 게 아니라는 말씀입니다."

맞는 말씀이다. 나는 우리 삶의 마지막 결론이 마태복음 14장 33절의 고백으로 끝나게 되기를, 복음이 우리의 삶을 견인하여 진정한 부흥을 맛보게 되기를 바란다.

부흥은 하나님의 일하심을 기대하는 것

하박국 선지자의 고백을 보자.

이 묵시는 정한 때가 있나니 그 종말이 속히 이르겠고 결코 거짓되지 아니하리라 비록 더딜지라도 기다리라 지체되지 않고 반드시 응하리라 … 이는 물이 바다를 덮음같이 여호와의 영광을 인정하는 것이 세

하박국 입장에서는 정신 차리고 눈을 떠보아도 달라진 게 하나
도 없었다. 악한 놈들은 여전히 악하고, 착취하는 놈들은 여전히
가난한 자를 착취하고 있다. 전혀 달라진 게 없는데 하박국이 어떻
게 이런 놀라운 고백을 하게 되었을까? 어떻게 암울하고 어두웠던
하박국의 마음이 이런 희망찬 메시지로 바뀌게 되었을까?

상황이 바뀐 게 아니다. 그의 안에 하나님의 일하심에 대한 기대
감이 생겼기 때문이다. 이것이 그가 하나님의 말씀을 통해 얻은 가
장 강력한 부흥이다. "비록 더딜지라도 기다리라 지체되지 않고 반
드시 응하리라" 하는 기대감 말이다. 이 하나님의 말씀이 하박국 선
지자에게 전달되었기 때문에 그의 가치관이 바뀌었고, 이것이 배경
이 되어 다음과 같은 하박국의 고백이 나오게 된 것이다.

비록 무화과나무가 무성하지 못하며 포도나무에 열매가 없으며 감람
나무에 소출이 없으며 밭에 먹을 것이 없으며 우리에 양이 없으며 외
양간에 소가 없을지라도 나는 여호와로 말미암아 즐거워하며 나의
구원의 하나님으로 말미암아 기뻐하리로다 합 3:17,18

무화과나무의 농사는 여전히 엉망이고, 감람나무에는 여전히 소

출이 없으며, 포도나무에 열매가 없고, 밭에 먹을 게 없고, 우리에는 양 한 마리도 없는 절망적인 상황에서 어떻게 이런 희망을 노래할 수 있는가? 하나님의 일하심에 대한 강력한 기대감이 그 안에 심겨졌기 때문이다.

확신 때문에 기다릴 수 있다

요즘엔 스마트폰 없는 사람이 거의 없다. 이것 때문에 생활에 큰 변화가 생겼고, 많은 부분에서 정말 편리해졌다. 하지만 개인적으론 아쉬운 부분도 많다. 스마트폰 때문에 오히려 잃어버린 게 많기 때문이다.

내가 대학교에 다니던 때만 하더라도, 저녁 7시에 종로서적 앞에서 친구와 만나기로 했으면, 상대방이 약속 시간에 나오지 않더라도 꼼짝 없이 그 시간에 그 장소에서 기다려야 했다. 다른 대안이 없었다. 만약 가는 길에 사고가 나서 내가 두 시간이나 늦게되었다고 하자. 요즘 같으면 바로 전화해서 사정이 이러저러하니 오늘 약속은 취소하자고 알렸겠지만, 그때는 그럴 수가 없었다. 그저 발 동동거리며 두 시간이나 늦게 약속 장소에 도착하는 수밖에. 혹시나 하는 마음에 약속 장소에 갔는데, 상대방이 여전히 그곳에서 나를 기다리고 있는 모습을 본다면 얼마나 감동이 되겠는가. 그때는 이런 감동이 있던 시대였다. 그런데 여기서 중요한 것은 오지 않는 사람을 두 시간이나 기다리던 그 사람이 갖고 있던 확신이다.

'그 사람은 반드시 온다. 그는 약속을 반드시 지키는 사람이다.'

이런 확신이 있었기에 두 시간도 기다릴 수 있었던 것 아닐까.

하나님의 말씀에 대한 기대감 역시 마찬가지다. "비록 더딜지라도 기다리라 지체되지 않고 반드시 응하리라" 하신 하나님의 말씀을 믿고 신뢰하는 믿음이 우리로 하여금 기다릴 수 있는 힘을 준다.

아무리 한겨울 매서운 한파가 계속되더라도 우리가 확신할 수 있는 게 하나 있다. 지금의 현실이 아무리 추워도 봄은 반드시 온다는 것이다. 이것이 기다림에 대한 확신이다.

얼마 전에 〈응답하라 1988〉이란 드라마가 큰 인기를 끌었다. 나도 그 드라마에 공감하면서 재미있게 봤다. 드라마가 한창 인기를 끌 때 어느 정치인이 SNS에 이런 의견을 올렸다.

"쌍문동 지하방에서도 서울대에 갈 수 있고, 주인집과 전셋집 아이들이 열등감 없이 어울리고, 나쁜 사람이 한 명도 나오지 않는 드라마라서, 그래서 좋았다."

어떻게 내 마음을 그렇게 잘 표현했는지, 딱 내 마음이었다. 왜 그렇게 많은 사람들이 그 드라마에 열광했는가? 우리에게 그런 시절이 있었기 때문이다. 지하 단칸방에 살면서도 '개천에서 용날 수 있다, 열심히 하면 서울대 갈 수 있다'는 기대감이 있던 시절, 그 기대감이 우리에게 꿈을 갖게 했었다.

그런데 오늘 우리 시대에는 그런 꿈이 다 짓밟혔다. 개천에서 용이 절대로 안 나는 시대가 되어버렸다. 이 좌절감으로 상처받은 수많은 사람들이 그 드라마를 보면서 눈물 흘리며 대리 만족을 한다.

그 드라마에 보면, 집주인이라고 유세 떨지 않고, 세들어 산다고 눈치 보며 비굴하지 않다. 부잣집이나 가난한 집이나 다 같이 어울려 하나가 되고 다 함께 밥을 먹는다. 그리고 보면 그 드라마에는 유독 먹는 장면이 많이 나왔다. 그것도 혼자 먹는 것이 아니라 이웃과 더불어 함께 먹는 장면이다. 끊임없이 이웃들과 먹는다. 나는 그런 모습이 부러웠다. 그게 하나님나라의 모습이기 때문이다. 부자건 가난한 사람이건, 장애인이건 비장애인이건 서로 어우러져 함께 먹고 마시는 것 말이다.

그 정치인의 글을 보며 나는 이 찬양을 떠올렸다.

사막에 샘이 넘쳐흐르리라 사막에 꽃이 피어 향내내리라
주님이 다스리는 그 나라가 되면은 사막이 꽃동산 되리
사자들이 어린 양과 뛰놀고 어린이들 함께 뒹구는
참 사랑과 기쁨의 그 나라가 이제 속히 오리라

사막에 숲이 우거지리라 사막에 예쁜 새들 노래하리라

주님이 다스리는 그 나라가 되면은 사막이 낙원되리라

독사 굴에 어린이가 손 넣고 장난쳐도 물지 않는

참 사랑과 기쁨의 그 나라가 이제 속히 오리라

현실적으로 이 세상은 약자들을 속이려고 달려드는 사람 천지이다. 나이 드신 어른들, 세상 물정 모르는 순박한 사람들에게 사기 치는 사람들이 많은 세상이다. 불의하고 악한 자들이 기승을 부리고 있으며, 하나님의 사람들은 여기 가도 우울하고 저기 가도 아프고 상처받기 일쑤인 것 같다.

목회자의 삶이란 것이, 대인관계에서 받은 상처를 안고 찾아오는 성도들의 가슴 아픈 사연들을 수없이 들으며 살아가는 삶이다 보니, 그 드라마 속 현실이 더욱더 그리웠던 것 같다. 드라마 속 쌍문동 그 가난한 동네에는 사기 치는 사람도 없고, 악한 사람도 없고, 부자나 가난한 사람이 따로 없었다. 난 그게 하나님나라가 아닐까 생각했다.

현실의 삶이 많이 힘들고 막막한가? 하나님나라를 꿈꿔야 한다. 견디기 어려울 때마다 기억하고 가슴에 새기며 고백해야 하는 하나님의 말씀이 있다.

"기다려라, 지체하지 않고 반드시 응하리라!"

이 말씀을 바탕으로 하박국 선지자는 이렇게 고백한 것이다.

보라 그의 마음은 교만하며 그 속에서 정직하지 못하나 의인은 그의 믿음으로 말미암아 살리라 합 2:4

우리에게 부흥이 필요하다. 우리의 삶에 부흥이 필요하다. 우리 가정에 부흥이 필요하다. 육안으로 보기엔 희망이 없는 것 같은데, 이미 죽은 것 같은데 살려주시는 하나님을 갈망하는 마음을 회복하는 것, 이것이 부흥이다. 주님이 다스리는 나라가 되면 사막에 샘이 넘쳐흐르고 꽃이 피며 꽃동산이 될 것이다.

너무나 힘든 현실을 살아가는 사람들이 많다. 그러나 우리의 삶은 그렇게 끝나지 않는다. 우리의 삶이 힘들수록 주님이 다스리시는 그 나라를 갈망하자. 그 나라를 사모하자. 하나님의 일하심이 그때부터 시작될 것이다. 하나님의 부흥이 그때부터 시작된다!

부흥, 오늘을 사는 힘

#
고독한가?
외로운가?
인생에 밤이 왔는가?
별을. 볼. 수. 있을 때가. 온 것이다.

잘나갈 때는 볼 수 없었던
하나님의 **영광**,
하나님의 **얼굴**,
하나님의 **일하심**,
하나님의 **부흥**을 볼 절호의 기회가 왔다.

나를 향하던 우리의 시선이 하나님을 향할 때,
그저 내 손에 들려지는 복,
하나님이 주시는 축복에만 머물던 **시선**이
'**엘벧엘**', 곧 하나님에게로 옮겨질 때 부흥이 시작된다.

나는 별로 중요하지 않다는 것을
자각하는 게 부흥이다.
더 이상. 혼미함과. 공허함과. 혼란이 없는.
창조의 세계로 인도하시는
하나님을 맛보고 감격하는 것이 부흥이다.

실패와 패망의 궁극적인 원인도 나 자신에게 있지만,
회복과 **부흥**의 시작도 나에게서 **발견**된다.

... 2

나에게서 시작된다

하나님이 야곱에게 이르시되

일어나 벧엘로 올라가서 거기 거주하며

네가 네 형 에서의 낯을 피하여 도망하던 때에

네게 나타났던 하나님께 거기서 제단을 쌓으라 하신지라

야곱이 이에 자기 집안 사람과 자기와 함께한 모든 자에게 이르되

너희 중에 있는 이방 신상들을 버리고

자신을 정결하게 하고 너희들의 의복을 바꾸어 입으라

우리가 일어나 벧엘로 올라가자

내 환난 날에 내게 응답하시며

내가 가는 길에서 나와 함께하신 하나님께

내가 거기서 제단을 쌓으려 하노라 하매

가장 지독한 방해꾼

어떤 사람이 매일 밤마다 악몽을 꿨다. 꿈에 신비로운 보자기로 얼굴을 감춘 어떤 존재가 나타나 계속 자기 일을 방해하는 것이다. 어떨 때는 모아놓은 재산을 모두 빼앗아 가버리기도 하고, 어떨 때는 분명히 기쁜 일이 생겼는데 그 기쁨을 누리지 못하게 마음 가운데 불안과 공포를 심어주기도 한다. 때로는 배가 고파 음식을 먹으려는데 그 음식들을 빼앗아 가버리기도 하고, 잠을 자려는데 평안을 빼앗아 잠을 이루지 못하게도 했다.

어느 날은 세상의 명성과 영광을 얻으려는 순간이 찾아와 너무나 뿌듯한 마음에 기뻐하고 있는데, 또 그 보자기를 뒤집어쓴 존재가 나타나 자신을 음해하고 없는 말을 퍼뜨려 물거품으로 만들었다.

하루는 결혼식을 올리는 꿈을 꾸었는데 사랑하는 신부의 손을

43

잡고 결혼 서약을 하려는 순간 또 그 존재가 나타났다. 그러면서 "이 결혼은 이루어질 수 없다"라고 소리치는 게 아닌가. 비록 꿈속이지만 집요하게 계속되는 괴롭힘에 더 이상 참을 수 없어서 "도대체 너는 누구냐!"라고 외치며 그 존재의 얼굴을 가린 보자기를 확 벗겼다. 그러자 놀라운 장면이 벌어졌다. 감춰진 그 얼굴은 다름 아닌 자기 얼굴이었던 것이다.

어느 목사님의 설교에서 듣게 된 예화인데, 이 이야기가 너무나 강렬해서 나의 뇌리에 박혔다. 특히 보자기로 자기 정체를 가린 지독한 방해꾼이 다름 아닌 자기 자신이더라는 이야기가 당시에 '부흥'을 갈망하며 묵상하던 내게 오래도록 여운으로 남았다.

우리가 기억해야 할 것은, 내 인생을 방해하는 존재는 외부에 있는 것이 아니라 바로 나 자신이라는 것이다. 누가 나를 망하게 하겠는가? 누가 나를 비참한 자리로 몰아넣겠는가? 그렇게 할 수 있는 사람은 아무도 없다. 나를 망하게 하는 유일한 존재가 바로 나 자신이라는 사실을 자각해야 한다. 이 사실을 잊어서는 안 된다.

시작점은 나

보자기 예화를 듣고 난 후에 부흥과 관련하여 자주 부르는 찬양 가사 하나가 불쑥 떠올랐다.

주의 꿈을 안고 일어나리라 선한 능력으로 일어나리라
이 땅의 부흥과 회복은 바로 나로부터 시작되리

우리가 갈망하는 부흥과 회복은 다른 무엇으로서가 아니라 바로 나로부터 시작되는 것이라는 가사가 마음에 깊이 각인되었다.

이런 차원에서 한국 교회를 돌아보면 '남 탓'이 많은 현실이 아프고, 누구 때문에 부흥이 불가능해졌다는 비관적인 목소리가 아프게 들린다. '나'를 뺀 '남 탓'은 회복에 도움이 되지 않기 때문이다.

하나님께서는 우리를 부흥의 길로 인도하시는데 그것을 가로막는 것은 다름 아닌 나 자신이다. 부흥에 있어서 우리가 항상 염두에 둬야 하는 것이 바로 이것을 자각하는 것이다.

자각해야 깨달을 수 있다

이사야서 6장에 사명과 관련하여 우리가 잘 아는 유명한 말씀이 있다.

내가 또 주의 목소리를 들으니
주께서 이르시되 내가 누구를 보내며
누가 우리를 위하여 갈꼬 하시니

그때에 내가 이르되

내가 여기 있나이다 나를 보내소서 하였더니 사 6:8

사명과 관련해서 이 구절을 모르는 사람은 거의 없을 것이다. 하나님 앞에서 "내가 여기 있나이다 나를 보내소서"라고 고백할 수 있는 확신을 가진 사람은 얼마나 행복하겠는가? 그런데 여기서 중요한 것은 자기 인생에 꿈과 목표가 확실하고, 자신이 어디로 가야 하며 무엇을 하며 살아야 하는지를 분명히 아는 이사야서 6장 8절의 삶이 가능하기 위해서는 전제가 필요하다. 그 전제가 무엇인가? 바로 앞에 나오는 5절 말씀이다.

그때에 내가 말하되 화로다 나여 망하게 되었도다 사 6:5

이 말씀이 있었기 때문에 8절의 고백이 나올 수 있었다. '가면을 덮어 쓰고 내 인생길 가로막는 존재는 다름 아닌 바로 나 자신이다'란 사실을 자각하는 사람만이 사명을 깨달을 수 있다는 이야기다.

로마서 8장은 많은 성경학자들이 성경 중에서도 '보석 중의 보석'이라고 일컬을 만큼, 복음의 핵심을 담고 있는 귀한 장이다. 그런데 로마서 8장이 나오기 위해선 로마서 7장의 사도 바울의 처절한 자기 인식이 있어야 가능하다.

오호라 나는 곤고한 사람이로다

이 사망의 몸에서 누가 나를 건져내랴 롬 7:24

자기 자신에 대해 이렇게 처절하게 절망하고 고뇌하는 바울의 아픔이 있었기에 로마서 8장의 그 아름다운 승리의 말씀이 나올 수 있었던 것이다.

그러므로 이제 그리스도 예수 안에 있는 자에게는 결코 정죄함이 없나니 이는 그리스도 예수 안에 있는 생명의 성령의 법이 죄와 사망의 법에서 너를 해방하였음이라 롬 8:1,2

부흥에 대해 묵상하고 말씀을 나누면서 내가 소원하고 사모하는 것은, 이 말씀이 다른 누구보다 먼저 내 심령에 부흥을 가져다주길 바라는 것이다. 그래서 하나님 앞에 간절히 기도한다.

"하나님, 목사인 저만 변화되면 우리 교회는 부흥됩니다. 제가 문제입니다. 제 심령 위에 부흥을 부어주옵소서. 다른 사람을 탓하는 것이 아니라 바로 내가 문제인 것을 깨닫게 하옵소서. 그래서 저자신이 부흥을 방해하는 존재가 아니라 하나님의 뜻을 잘 살펴서 하나님의 교회가 참으로 부흥을 맛보는 데 아름다운 도구로 쓰임받기를 원합니다!"

인생의 내리막길에서

이런 맥락에서 부흥에 대한 두 번째 포인트를 나눠보려고 한다. 여기서 살펴볼 주인공은 야곱이다. 야곱을 통해 그가 경험했던 부흥과 회복을 우리도 꿈꾸게 되기를 바란다.

야곱은 다들 아는 것처럼 그다지 훌륭한 인품을 가진 사람이 아니었다. 그렇기 때문에 우리에게 친숙함을 느끼게 하는 인물이기도 하다. 그런 야곱의 삶에서 귀한 부분은 인생의 고비마다 그가 부흥을 경험했다는 것이다. 이것이 참 부럽다.

야곱이 제일 먼저 부흥을 경험한 사건은 창세기 28장에 기록된 '벧엘 부흥사건'이다. 얼마나 간사한지, 자기 꿈을 이루기 위해서라면 남의 눈에서 눈물 흘리게 하는 것쯤이야 대수롭지 않게 여겼던 야곱이 형의 장자권을 가로채지 못해 안달복달하다가 아버지와 형 에서를 속이고 장자권을 탈취했는데, 부작용이 생겼다.

> 그의 아버지가 야곱에게 축복한 그 축복으로 말미암아 에서가 야곱을 미워하여 심중에 이르기를 아버지를 곡할 때가 가까웠은즉 내가 내 아우 야곱을 죽이리라 하였더니 창 27:41

동생에게 속았다는 사실을 깨달은 형 에서가 살의를 느낄 정도로 격분한 것이다. 이러고 있다가는 무슨 일을 당할지 모르겠다는 두

러움에 빠진 야곱은 전혀 계획이 없던 야반도주를 감행한다. 외삼촌 라반이 살고 있는 하란으로 도망하면서 그의 인생이 갑자기 내리막길로 치닫는다.

아무런 준비없이 예정에 없던 도피 길에 오른 야곱. 밤이 되니 온 사방에서 짐승 소리가 들리고 몸 피할 곳 하나 없이 고독하기가 이를 데 없다. 우리 중에도 이런 쓸쓸한 밤을 겪어본 사람이 있을 것이다. 캄캄한 절망 속에서 돌을 베개 삼아 누웠는데, 하나님이 그런 그를 찾아주시고 많은 축복의 말씀을 해주셨다.

> 내가 너와 함께 있어 네가 어디로 가든지 너를 지키며
> 너를 이끌어 이 땅으로 돌아오게 할지라
> 내가 네게 허락한 것을 다 이루기까지
> 너를 떠나지 아니하리라 하신지라 창 28:15

그날 야곱은 큰 은혜를 경험했다. 이것이 그가 경험한 첫 번째 부흥이다.

얍복 나루에서 경험한 두 번째 부흥

야곱은 얍복 나루에서 두 번째 부흥을 경험한다. 이 사건 역시 야곱

부흥, 오늘을 사는 힘

이 위기 중에 경험한 사건이다.

야곱은 도피 중에 벧엘에서 큰 부흥을 경험하고, 넉넉하고 든든한 마음으로 하란에 있는 외삼촌 집으로 가 그곳에서 20년 동안 기거했다. 그 과정에서 그는 하나님의 큰 은혜를 누려 많은 재물을 얻고 대가족을 이루게 되었다. 그러다 20년 만에 드디어 자기 고향으로 향하는 귀향길에 오르게 되었다.

라반의 집을 떠나 꿈에 그리던 귀향길에 올랐지만, 그에게는 커다란 근심거리가 하나 있었다. 형 에서를 대면하는 일이었다.

'과연 형이 나를 용서해줄까? 여전히 나를 죽이려고 달려드는 건 아닐까?'

그것이 얼마나 두려웠던지, 야곱은 홀로 얍복 나루에서 밤을 새워 기도한다. 천사와 더불어 씨름을 하며 환도뼈가 위골되기까지 간절히 기도하던 야곱은 그날 밤에 또 한 번의 큰 부흥을 경험한다. 그 감격이 얼마나 컸던지 야곱은 이런 표현을 쓴다.

그러므로 야곱이 그곳 이름을 브니엘이라 하였으니
그가 이르기를 내가 하나님과 대면하여 보았으나
내 생명이 보전되었다 함이더라 창 32:30

그리고 나서 야곱은 형 에서를 대면했다. 여전히 두려운 마음이 있었지만, 하나님께서는 에서의 마음을 부드럽게 녹여주셨다. 그래서 생각지도 못한 형제간의 극적인 화해가 이루어졌다.

에서가 달려와서 그를 맞이하여 안고 목을 어긋맞추어
그와 입 맞추고 서로 우니라 창 33:4

아마도 야곱의 일생 중에서 가장 기뻤던 날이었을 것이다. 야곱에게 있던 유일한 근심거리가 사라졌다. 이제 더 이상 장애물이 없다. 꿈에 그리던 고향에 돌아온데다 가장 큰 걱정이었던 형 에서와의 문제도 해결되었다.

또 한 번의 위기 앞에서

그러면 야곱이 어떻게 해야 하는가? 창세기 28장에서 하나님과 했던 약속, 즉 벧엘로 다시 올라가겠다는 약속을 지켜야 하는 것 아닌가? 그런데 야곱을 비롯한 우리 모든 인생의 문제가 화장실 들어갈 때 마음이 다르고 나올 때 마음이 다르단 것이다. 야곱은 하나님과의 약속을 까마득하게 잊어버리고 벧엘이 아닌 세겜으로 간다. 여기서 야곱은 또 한 번의 절망적인 사건을 경험한다.

부흥, 오늘을 사는 힘

레아가 야곱에게 낳은 딸 디나가 그 땅의 딸들을 보러 나갔더니 히위 족속 중 하몰의 아들 그 땅의 추장 세겜이 그를 보고 끌어들여 강간하여 욕되게 하고 창 34:1,2

아비로서 이보다 더 절망적인 사건이 어디 있겠는가? 더군다나 그 과정에서 분노한 야곱의 아들들이 복수를 해버리는 바람에 야곱 일행은 그 지역 사람들에게 몰살당할 위기에 처하게 된다.

벧엘로 가지 않고 세겜으로 달려간 야곱에게 찾아온 또 다른 고난, 이 절망적인 상황 앞에서 야곱은 다시 한 번 하나님 앞에 결단하는 부흥을 경험한다. 이것이 야곱이 경험한 세 번째 부흥이다.

우리가 일어나 벧엘로 올라가자
내 환난 날에 내게 응답하시며
내가 가는 길에서 나와 함께하신 하나님께
내가 거기서 제단을 쌓으려 하노라 하매 창 35:3

앞의 두 부흥 사건도 중요하지만, 이 세 번째 부흥은 야곱의 인생에서 가장 중요한 사건에 속한다. 왜냐하면 이때를 기점으로 야곱의 인식이 달라졌기 때문이다.

야곱과 그와 함께한 모든 사람이 가나안 땅 루스 곧 벧엘에 이르고
그가 거기서 제단을 쌓고 그곳을 엘벧엘이라 불렀으니 이는 그의 형의
낯을 피할 때에 하나님이 거기서 그에게 나타나셨음이더라 창 35:6,7

'벧엘'은 원어로 보면 '하나님의 집'이란 뜻이다. 그런데 야곱은 여
기에 하나님을 뜻하는 '엘'을 덧붙인다. '벧엘'이 '하나님의 집'이라는
뜻이라면, '엘벧엘'은 '하나님의 집에 거하시는 하나님'이란 뜻이다.
다시 말해, '벧엘'이 하나님의 집, 곧 그 공간을 강조한 것이라면 '엘
벧엘'은 그곳에 계시는 하나님을 강조한 것이다. 이것이 부흥을 경
험한 야곱에게 나타난 결정적인 변화이다.

벧엘에서 엘벧엘로

오늘날 수많은 사람들이 하나님의 '벧엘'을 원한다. 하지만 '엘벧엘'
을 원하진 않는다. 하나님에 대해선 별로 관심이 없고 그저 그분이
베푸시는 복만 구할 뿐이다. 그렇다면 뭐가 부흥인가?

내 이름으로 일컫는 내 백성이 그들의 악한 길에서 떠나 스스로 낮추
고 기도하여 내 얼굴을 찾으면 내가 하늘에서 듣고 그들의 죄를 사하
고 그들의 땅을 고칠지라 대하 7:14

하나님이 주시는 그 무엇에 관심 있던 우리의 시선이 하나님의 존재 자체로 옮겨가는 것, 이것이 부흥이다. 우리 믿음의 선배, 옛 어른들은 이 찬양을 많이 불렀다.

존귀 영광 모든 권세 주님 홀로 받으소서
멸시 천대 십자가는 제가 지고 가오리다

눈물을 줄줄 흘리면서 이 찬양을 부르시던 모습이 지금도 눈에 선하다. 요즘엔 이 찬양을 거의 안 부르는 것 같다. 스스로 정직하게 한번 생각해보자. 당신은 어떤가? 정말 이 찬양 가사대로 되기를 원하는가? 존귀와 영광과 모든 권세를 주님이 홀로 받으실 수만 있다면 멸시와 천대와 십자가는 기꺼이 지고 갈 수 있겠는가? 혹시 그 반대는 아닌가?

"존귀와 영광과 모든 권세는 내가 누리고 가겠사오니 멸시와 천대와 십자가는 주가 지고 가옵소서."

우리의 신앙 행태가 딱 이런 것 같다. 주님이야 어떤 조롱을 당하시건 말건, 주님의 이름이 세상 사람들에게 짓밟히건 말건, 그저 내 한 몸, 내 한 교회 잘되고, 내가 가진 지분이 끝까지 잘 지켜지면 그뿐 아닌가?

개인적으로 내가 두려운 건 나이 들면서 변질되는 것이다. 죽을 때까지 내 지분 고집하면서 내 영광 누리고 싶어할까봐, 그게 제일 두렵다. 그래서 한때는 하나님께 너무 오래 살지 않게 해달라는 기도를 했다. 내 역할이 다 끝나면 고통과 수치를 당하지 않고 바람처럼 사라지게 해달라고. 그런 것조차도 하나님 손에 맡겨드려야겠다는 생각을 가진 이후론 그런 기도를 안 하지만 말이다.

부흥은 벧엘에서 엘벧엘로 옮겨가는 것, 하나님의 집에 있던 관심이 하나님의 집에 거하시는 하나님에게로 옮겨가는 것이다. 이런 영적 부흥이 우리 모두에게 일어나게 되기를 바란다. 그래서 이런 관점으로 부흥과 관련된 세 가지 요소에 대해 살펴보려고 한다.

부흥은 하나님이 주도하신다

부흥과 관련된 첫째 요소는 '배후에서 주도하시는 하나님'이다. 하나님이 주도하시면 '부흥'이고 인간이 주도하면 '사이비'이다. 앞에서 살펴본 것처럼, 야곱은 인생의 절망 중에 이렇게 선언했다.

"우리가 일어나 벧엘로 올라가자"(창 35:3).

이것이 그에게 세 번째 부흥을 가져왔다. 야곱의 이러한 선언이 있기 바로 전에 무슨 일이 있었는가?

하나님이 야곱에게 이르시되 일어나 벧엘로 올라가서 거기 거주하며

야곱이 "일어나 벧엘로 올라가자"라고 선언하기 전에 하나님의
개입하심, 하나님의 주도하심이 선행되었다. 그리고 보면 야곱의 일
생은 이 싸움의 연속이었다. 자기가 하고 싶은 일을 하며, 자기가
머물고 싶은 곳이었던 세겜에 머물기 원하는 야곱의 자아와 그런 야
곱을 쳐서 복종시켜 "일어나 벧엘로 가자"라고 선언하게 하시려는
하나님과의 싸움, 이 싸움의 반복이 야곱의 일생이자 또한 우리의
일생이다.

하나님의 '그러나' vs 내 자아의 '그러나'

이 같은 싸움은 요나의 삶에서도 발견된다. 개인적으로 요나서 1장
에서 늘 은혜를 받는 부분이 바로 이 부분이다. 요나서 1장은 두 '그
러나'의 대결이다. 첫 번째 '그러나'는 요나서 1장 3절에 나온다.

여기 나오는 '그러나'는 하나님의 명령에 반항하는 '그러나', 하나님의 뜻을 거역하는 자기 자아의 못된 '그러나'이다. 이 '그러나'와 또 다른 '그러나'가 4절에 나온다.

(그러나) 여호와께서 큰 바람을 바다 위에 내리시매 바다 가운데에 큰 폭풍이 일어나 배가 거의 깨지게 된지라 욘 1:4

한글성경에는 생략되었지만, 원어로 보면 이 구절에 '그러나'라는 접속사가 있다. 영어성경도 "But the LORD sent out a great wind into the sea"(KJV)로 되어 있다. 사실, 요나서 1장에서 가장 중요한 표현이 4절에 나오는 '그러나'라는 접속사이다.

요나서 1장은 하나님의 뜻에 불순종하는 '인간의 그러나'와 그 인간의 변질에 맞서시는 '하나님의 그러나'의 대결이다.

이것이 우리 개인의 삶을 요약해놓은 것 아닌가? 더 나아가 인류의 역사가 이것으로 요약될 수 있다.

하나님께 끝 간 데 없이 반항하기 원하는 '내 자아의 못된 그러나'와 그것을 방치하지 않으시고 제동을 거시는 '하나님의 그러나'와의 대결, 이것이 우리 삶의 패턴이다. 그러나 이 대결에서 하나님이 패하신 적은 한 번도 없다. 이 사실이 얼마나 감사하고 은혜가 되는지 모른다. 그러니 빨리 항복하는 게 낫다.

부흥, 오늘을 사는 힘

내가 인생을 살면서 가장 잘했다고 생각하는 게 있다. 그것은 서른 살 때 하나님의 뜻 앞에 빨리 항복하고 하던 사업 다 내려놓고 가방 두 개 들고 한국에 돌아온 것이다. 그렇게 한국으로 돌아온 서른 살 이후로 내 인생에는 갈등이란 게 없었다. 갈 길을 몰라 헤매는 혼미함이 없었다.

나이 오십 세가 넘어가면서, 나는 요즘 내 인생의 전성기를 보내고 있다. 교회가 커져서 전성기가 아니다. '하나님의 그러나' 앞에 '내 자아의 그러나'를 굴복시킨 자들이 누리는 행복이 무엇인지를 어렴풋이 느끼기 시작한 것이다. 아직도 많이 부족하지만 원리는 정확하게 이해하게 되었다. 이 사실을 깨달아가면서 나의 내면세계에 행복이 찾아왔다.

문제가 없어서 행복한 게 아니다. 여전히 문제는 많다. 하지만 인생의 순풍의 비결을 발견했기에 행복하다. 내가 발견한 인생 순풍의 비결은 '하나님의 그러나'에 빨리 항복하는 것이다. '하나님의 그러나' 앞에 '내 자아의 그러나'를 굴복시켜버리니 내 인생에 갈등이 끼어들 자리가 없다.

내 인생을 빚으시는 하나님의 창조 원리

창세기에서 야곱의 일생을 묵상하다가 받은 은혜가 있다. 하나님은 창세기 1장에서 우주적인 창조의 원리를 이렇게 설명하셨다.

> 태초에 하나님이 천지를 창조하시니라 땅이 혼돈하고 공허하며 흑암
> 이 깊음 위에 있고 하나님의 영은 수면 위에 운행하시니라 하나님이
> 이르시되 빛이 있으라 하시니 빛이 있었고 창 1:1-3

　혼돈과 공허와 흑암의 상태를 빚어서 천지를 창조하신 하나님의
창조 원리가 야곱의 인생에도 그대로 적용되는 것을 볼 수 있다. 천
지를 창조하신 하나님께서 보잘것없는 한 인생에서도 똑같은 무게
로 수고하고 애쓰고 계신다. 혼돈과 공허와 흑암의 상태에 빠진 야
곱을 인도하셔서 결국 "일어나 벧엘로 돌아가자"라고 선포하게 만
드신 하나님이 정말 놀랍지 않은가?
　그래서 바울은 고린도후서에서 이렇게 표현했다.

> 어두운 데에 빛이 비치라 말씀하셨던 그 하나님께서
> 예수 그리스도의 얼굴에 있는 하나님의 영광을 아는 빛을
> 우리 마음에 비추셨느니라 고후 4:6

　놀라운 말씀 아닌가? 혼돈과 공허와 흑암에 있던 천지를 말씀으
로 질서의 세계로 창조하신 하나님께서 그와 동일한 정성, 동일한

부흥, 오늘을 사는 힘

원리를 가지고 혼돈과 공허와 흑암의 길을 걸어가고 있는 한 사람을 위해 수고하고 애쓰시며 일하고 계신다. 혼미한 인생길을 걷던 야곱 한 사람을 위해, 바울 한 사람을 위해, 이찬수라는 보잘것없는 인생을 위해, 바로 당신을 위해 하나님이 수고하고 계신다. 그래서 바울은 바로 이어서 이렇게 고백한다.

우리가 이 보배를 질그릇에 가졌으니
이는 심히 큰 능력은 하나님께 있고
우리에게 있지 아니함을 알게 하려 함이라 고후 4:7

무엇이 부흥인지 아는가? 나라는 존재는 별로 중요하지 않다는 걸 자각하는 게 부흥이다. 내 안에 계시는 예수 그리스도, 혼돈과 흑암의 상태를 빚어 "벧엘로 돌아가자"라고 선포하게 하시기 위해 십자가를 지신 예수 그리스도, 더 이상 혼미함과 공허함과 혼란이 없는 창조의 세계로 인도하시는 하나님을 맛보고 감격하는 것, 이것이 부흥이다.

부흥은 고난의 광야에서 시작된다

부흥과 관련된 둘째 요소는 '고난의 광야'이다. 묵상과 침묵이 필요한 고난의 광야가 부흥을 만드는 요소이다.

야곱은 삶의 중요한 고비마다 부흥을 경험하는데, 그때마다 공통점이 하나 있다. 광야에 홀로 던져진 비참한 상황이라는 점이다. 광야에서 홀로 돌을 베개 삼아 누워 자던 초라한 상황, 두려워 얍복 나루에서 안절부절 못하던 상황, 딸이 성폭행을 당하고 온 가족이 몰살 위기에 처한 절망적인 상황이었다. 야곱은 그런 광야 속에서 부흥을 맛보았다.

부흥에 대해 묵상하고 연구하면서 발견한 게 하나 있다. 진짜 부흥의 출발은 다 정적(靜的)이라는 것이다. 이상하게도 우리나라에서는 '부흥'이라고 하면 다 동적(動的)인 것으로 생각한다. 그래서인지 부흥과 관계되는 것은 무슨 운동이나 부흥회 같은 역동적인 것들이 많다. 평소에는 조용히 찬양하고 설교 듣던 사람들도 부흥회 때는 박수 치고 크게 찬양해야 할 것 같고, 큰 소리로 "할렐루야"라고 외쳐야 할 것 같다.

물론 부흥에 동적인 요소가 없는 것은 아니다. 그러나 진짜 부흥의 출발은 다 정적이다. 광야요, 고독이요, 침묵이요, 묵상이다.

도널드 맥컬로우는 《광야를 지나는 법》이란 책에서 오스왈드 챔버스의 말을 인용하며 참 의미 있는 말을 한다.

"하나님은 좌절을 통해 우리를 연단하신다. 하나님은 자신의 보물을 어둠 속에 숨겨두신다. 아무리 찬란한 별이라도 밤이 되기 전에는 보이지 않는다."

진짜 멀리 있는 것은 다 밤에 보인다. 낮이라고 우리 뜻대로 다할 수 있을 것처럼 설치고 다니지만, 사실 낮엔 눈앞에 보이는 게 다이다. 별이 낮에 보이는가? 불이 꺼져야 별이 보인다.

인생에 밤이 왔는가? 고독한가? 외로운가? 자려고 누웠는데 자꾸 눈물이 흘러 베개를 적시는가? 별을 볼 수 있을 때가 왔다. 잘나갈 때는 볼 수 없었던 하나님의 영광, 하나님의 얼굴, 하나님의 일하심, 하나님의 부흥을 볼 절호의 기회가 온 것이다. 그래서 고난을 변장하고 찾아온 하나님의 축복이라고 말하는 것이다.

가끔은 외로워야 한다

문화심리학자 김정운 교수가 《가끔은 격하게 외로워야 한다》라는 책을 냈다. 책을 읽기도 전에 제목을 보자마자 정말 격하게 동의가 되었다. 저자가 뭘 말하려고 하는지 제목 안에 다 담겨 있는 것 같다. 우리는 정말 가끔은 격하게 외로워야 한다. 외로워야, 고독해야, 인생의 밤을 맞아야 별을 볼 수 있다.

죽기 전에 꼭 하고 싶은 일들을 정리한 리스트를 '버킷리스트'라고 한다. 나에게도 버킷리스트가 하나 있다. 죽기 전에 꼭 스페인의 산티아고 순례길에 가보고 싶다. 사도 야고보가 복음을 전한 길을 순례길로 만들었다고 하는데, 그 길이가 800킬로미터 정도라 한다. 청년들이 열심히 걸어서 한 달 걸리는 거리이다. 아마 나 같은 사람이 걷는다면 한 40일은 걸릴 것이다.

가족이나 지인과 함께 가는 것도 싫고, 홀로 그 길을 꼭 걸어보고 싶다. 40일 간 침묵하면서 고독 가운데 빠져 그 순례길을 걸어보는 게 내 버킷리스트이다. 이런 순례길이 아니더라도 우리 인생에 찾아오는 격하게 외로운 길을 피해선 안 된다. 거기에 부흥이 있는 줄 믿기 때문이다.

부흥이 있는 곳에 예배의 회복이 있다

부흥과 관련된 셋째 요소는 '예배의 회복'이다. 예배의 회복은 부흥에 있어서 중요한 요소이다. 모든 부흥의 순간엔 예배의 회복이 있었다. 창세기 35장 6,7절을 보자.

야곱과 그와 함께한 모든 사람이 가나안 땅 루스 곧 벧엘에 이르고 그가 거기서 제단을 쌓고 창 35:6,7

부흥, 오늘을 사는 힘

야곱이 벧엘에서 처음 부흥을 경험했던 28장도 마찬가지다.

야곱이 아침에 일찍이 일어나 베개로 삼았던 돌을 가져다가 기둥으로 세우고 그 위에 기름을 붓고 그곳 이름을 벧엘이라 하였더라 창 28:18

창세기 35장 14,15절도 마찬가지다.

야곱이 하나님이 자기와 말씀하시던 곳에 기둥 곧 돌 기둥을 세우고 그 위에 전제물을 붓고 또 그 위에 기름을 붓고 하나님이 자기와 말씀하시던 곳의 이름을 벧엘이라 불렀더라 창 35:14,15

부흥이 일어나는 모든 곳에서는 예배가 회복된다. 분당우리교회가 학교를 빌려서 쓰다 보니, 개척 초기에 여러 가지 어려움이 있었다. 주중에는 학교에서 공간을 써야 했기 때문에 교회 모임이나 행사 진행하는 게 여간 어려운 게 아니었다.

사실 내가 어렸을 때는 달력에 빨간 날짜마다 교회 행사가 있었다. 체육대회, 친선탁구대회, 단합대회, 등반대회 등등. 그런데 분당우리교회는 그런 행사들을 자유롭게 할 수 없었다. 교회가 이런 상황이다 보니 자연히 예배에 목숨을 걸 수밖에 없었다. 그런데 이것이 하나님 보시기에 기쁘셨던 것 같다.

교회를 개척하고 목회하면서 뼈저리게 경험한 것은, 교회가 체육 대회 안 해도 괜찮고, 단합대회 안 해도 상관없다는 것이다. 예배가 살아나면 된다. 우리가 부흥을 꿈꾼다면 예배가 회복되는 은혜가 먼저 있어야 한다.

우리 교회는 예배가 시작되고 15분이 지나면 문을 닫아건다. 이것이 누군가에게는 상처가 된다는 걸 안다. "15분 늦게라도 와서 예배드리는 게 낫지, 예배 안 드리는 게 낫습니까?"라는 항변도 수긍이 간다. 그러나 내가 두려워하는 것은 그 사람이 오늘 15분 늦게 와서 예배드리고, 다음 주에 또 15분 늦게 와서 예배드리고, 그 다음 주에 15분 늦게 와서 예배드리다가 그것이 습관이 되어버리는 것이다.

우리는 예배에 인생을 걸어야 한다. 예배 한 번 잘 드리면 내 인생이 변화된다는 것을 이론이 아닌 우리 삶의 실제로 맛볼 수 있어야 한다. 그런 날이 오게 되기를 바란다.

벧엘로 돌아가자

지금 혹시 세겜에 머물러 있는가? 인간의 눈으로 세겜이 더 좋아 보이는가? 벧엘을 잊어버렸는가? 그렇다면 어서 "우리가 일어나 벧엘로 올라가자"라고 선포하고 벧엘로 돌아가야 한다.

부흥, 오늘을 사는 힘

벧엘이 어떤 곳인가?

내 환난 날에 내게 응답하시며 내가 가는 길에서 나와 함께하신 하나님께 내가 거기서 제단을 쌓으려 하노라 하매 창 35:3

환난 날에 하나님께서 내게 응답하신 곳이 벧엘이다. 나와 함께하셔서 부흥을 맛보게 하신 곳이 벧엘이다. 기름을 붓고 예배를 회복하는 그곳이 벧엘이다. 우리는 일어나 벧엘로 돌아가야 한다. 이 말씀이 우리 인생에 구현되기를 진실로 갈망하고 소원한다.

보자기로 얼굴을 감춘 존재는 바깥의 흉악한 어떤 존재가 아니다. 바로 나 자신이다. 부흥을 갈망할 때마다 우리는 이 노래 가사를 되뇌어야 한다.

주의 꿈을 안고 일어나리라 선한 능력으로 일어나리라
이 땅의 부흥과 회복은 바로 나로부터 시작되리

바로 나로부터의 시작이다. 이 사실을 마음속에 제대로 인식하는 복된 우리 모두가 되기를 축복한다.

또 하나, '시선'이라는 찬양이 있다.

내게로부터 눈을 들어

주를 보기 시작할 때 주의 일을 보겠네

내 작은 마음 돌이키사

하늘의 꿈꾸게 하네 주님을 볼 때

모든 시선을 주님께 드리고

살아 계신 하나님을 느낄 때

내 삶은 주의 역사가 되고

하나님이 일하기 시작하네

나를 향하던 우리의 시선이 하나님을 향하는 것, 그저 내 손에 들려지는 복, 하나님이 주시는 축복에만 머물던 시선이 '엘벧엘', 곧 하나님에게로 옮겨지는 것이 부흥이다. 그럴 때 부흥이 시작된다. 진정한 부흥은 나로부터 시작된다!

부흥, 오늘을 사는 힘

\#

인간의 눈으로 보기엔 **절망**이다.
회복은 어렵다.
더 이상 희망이 없다.

그런 상태가. 회복되는. 게. 부흥이다.

세상의 영향을 받아 타락하고 변질된
이 상태로부터 **자각과 회개와 각성**이 일어나
영향력이 회복되는 것이다.

학습된 **무력감**에 빠진 수많은 하나님의 사람들에게
성령께서 그렇지 않다는 것을 깨우쳐주시는 것이,

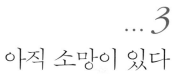

...3
아직 소망이 있다

그리고 그 **소망이 확산**되는 것이 부흥이다!

부흥은 본래 우리의 힘으로 할 수 없다.
오직 하나님이 일하신다.
하나님이. 이루어주시는. 꿈이다!

그래서…
우리에게는
아직,
소망이 있다.

에스라가 하나님의 성전 앞에 엎드려 울며 기도하여

죄를 자복할 때에 많은 백성이 크게 통곡하매

이스라엘 중에서 백성의 남녀와

어린아이의 큰 무리가 그 앞에 모인지라

엘람 자손 중 여히엘의 아들 스가냐가 에스라에게 이르되

우리가 우리 하나님께 범죄하여

이 땅 이방 여자를 맞이하여 아내로 삼았으나

이스라엘에게 아직도 소망이 있나니 곧 내 주의 교훈을 따르며

우리 하나님의 명령을 떨며 준행하는 자의 가르침을 따라

이 모든 아내와 그들의 소생을 다 내보내기로

우리 하나님과 언약을 세우고 율법대로 행할 것이라

이는 당신이 주장할 일이니

일어나소서 우리가 도우리니 힘써 행하소서 하니라

이에 에스라가 일어나 제사장들과 레위 사람들과 온 이스라엘에게

이 말대로 행하기를 맹세하게 하매 무리가 맹세하는지라

하나님이 이루어주시는 꿈

언젠가 새벽에 책 한 권을 주문할 일이 생겨 인터넷 서점 사이트에 들어갔다. 책을 주문하려고 보니, 그 책에 관련된 짧은 영상 한 편이 올라와 있었다. 책을 홍보하기 위해 올려놓은 것 같았다. 그래서 그 영상을 잠깐 보는데, 거기에 〈달콤한 인생〉이란 영화에 나오는 짧은 내레이션을 인용한 부분이 있었다. 그 짧은 내레이션이 내 마음을 먹먹하게 만들었다.

어느 깊은 가을 밤, 잠에서 깨어난 제자가 울고 있었다.
그 모습을 본 스승이 기이하게 여겨 제자에게 물었다.
"무서운 꿈을 꾸었느냐?"
"아닙니다."

"슬픈 꿈을 꾸었느냐?"

"아닙니다. 달콤한 꿈을 꾸었습니다."

"그런데 왜 그리 슬피 우느냐?"

제자는 흐르는 눈물을 닦아내며 나지막이 말했다.

"그 꿈은 이루어질 수 없기 때문입니다."

그 새벽에 이 내레이션을 듣는 순간 왜 마음이 먹먹해졌느냐 하면, "그 꿈은 이루어질 수 없기 때문입니다"라는 마지막 멘트가 꼭 우리의 현실을 말하는 것 같았기 때문이다. 나를 비롯하여 많은 사람들 안에 그 신음소리 같은 패배주의가 팽배해 있다.

"이제 한국 교회는 부흥이 안 된다. 한국 교회는 끝났다. 침체기가 왔다."

이런 우울하고 어두운 소리들이 끊임없이 들리는 가슴 아픈 현실과 이 내레이션이 겹치자 마음이 아프고 슬프고 먹먹해지고 복잡해졌다.

그러나 그날 새벽, 주님이 책 주문도 못한 채 앉아 있는 나를 불쌍하게 보시고 위로하고 싶으셨는지, 찬양 한 곡을 떠오르게 해주셨다.

주여 지난 밤 내 꿈에 뵈었으니

그 꿈 이루어주옵소서

밤과 아침에 계시로 보여주사

항상 은혜를 주옵소서

나의 놀라운 꿈 정녕 나 믿기는

장차 큰 은혜 받을 표니

나의 놀라운 꿈 정녕 이루어져

주님 얼굴을 뵈오리라

슬픔이 차올라 먹먹했던 내 마음에 이 찬양 가사가 큰 울림이 되었다. 특히 후렴의 "나의 놀라운 꿈 정녕 이루어져 주님 얼굴을 뵈오리라"는 가사가 "그 꿈은 이루어질 수 없기 때문입니다"란 내레이션과 겹치면서 많은 생각을 하게 했다.

이 찬양 3절 가사를 보면 이런 내용이 있다.

세상 풍조는 나날이 변하여도

나는 내 믿음 지키리니

인생 살다가 죽음이 꿈 같으나

오직 내 꿈은 참되리라

나날이 변하는 이 세상 풍조가 우리에게 던지는 메시지는 무엇인

부흥, 오늘을 사는 힘

가? 오늘 이 시대는 우리를 어디로 끌고 가는가? 종국에 우리가 끌려가 도달하는 곳은 '허무주의'이다. '허망'이다. 손에 잡히는 게 없다. 그러나 세상 풍조는 나날이 변해도 우리의 꿈을 주관하시는 예수 그리스도께서 계시기에 우리의 꿈은 참될 것이다. 그날 새벽, 이것을 묵상하면서 참 마음이 아프기도 했고 은혜가 되기도 했다.

앞에서도 강조했던 것처럼, 부흥이란 그저 교인 숫자가 조금 늘어나는 것, 어려운 문제가 해결되는 차원의 것이 아니다. 인간의 눈으로 보기엔 절망이다. 끝이다. 회복은 어렵다. 더 이상 희망이 없다. 그런 상태가 회복되는 것이 부흥이다.

그리고 더 중요한 것은 부흥을 주관하는 분이 하나님이시란 것이다. 그날 새벽, 짧은 영상 속에서 봤던 "그 꿈은 이루어질 수 없기 때문입니다"란 허망한 말 한 마디 속에 오늘 우리 시대의 자화상이 담겨 있다면, 바로 지금이야말로 하나님이 일하시는 부흥이 필요한 때이다.

부흥은 영향력의 확산이다

에스라서 10장 1-5절의 배경은 이렇다. 이스라엘 백성들이 하나님 앞에 범죄하여 바벨론에 포로로 끌려가는 비참한 역사를 경험했다. 그러다 하나님의 기적 같은 은혜로 해방되어 조국으로 귀환하는 꿈

같은 일을 맞게 되는데, 총 3차에 걸쳐 귀환이 이루어진다.

본문은 그중에서도 에스라 제사장을 중심으로 한 제2차 귀환 때 일어난 일을 담고 있다. 에스라와 함께 귀환한 이스라엘 백성들에게 엄청난 부흥운동이 일어났다. 그들에게 왜 이런 일들이 필요했고, 또 어떻게 이런 일들이 일어났을까?

바벨론에서 이스라엘로 귀환한 에스라의 귀에 너무나 가슴 아픈 이야기가 들려왔다. 에스라서 9장 1,2절 보자.

> 이 일 후에 방백들이 내게 나아와 이르되 이스라엘 백성과 제사장들과 레위 사람들이 이 땅 백성들에게서 떠나지 아니하고 가나안 사람들과 헷 사람들과 브리스 사람들과 여부스 사람들과 암몬 사람들과 모압 사람들과 애굽 사람들과 아모리 사람들의 가증한 일을 행하여 그들의 딸을 맞이하여 아내와 며느리로 삼아 거룩한 자손이 그 지방 사람들과 서로 섞이게 하는데 스 9:1,2

하나님의 선민이라는 그들이 생명의 참 빛을 가지고 소금의 역할을 감당하며 악한 이방인들에게 영향을 끼치는 게 아니라 오히려 그들의 악한 행실에 영향을 받아 타락하고 변질된 삶을 살아가고 있다는 것이다. 이것이 배경이 되어 어떤 부흥운동이 일어나는지가 쭉 담겨 있는 게 에스라서이다.

부흥, 오늘을 사는 힘

본문 말씀을 묵상하다가 부흥과 관련하여 깨달은 것은, 부흥이란 영향력의 확산 문제란 것이다. 지금 이스라엘 백성들은 하나님의 택한 백성으로서의 힘을 다 잃어버렸다. 그래서 세상에 영향을 미쳐야 할 그들이 거꾸로 악한 세상의 영향을 받아 타락하고 변질되어 버린 상태이다. 이 상태로부터 자각과 회개와 각성이 일어나 영향력이 회복되는 것이 부흥이다.

이방인들과 통혼하고 그 과정에서 이방인들의 악한 행위들을 무분별하게 받아들였던 이스라엘 백성들에게 부흥이 일어나자 그 상태를 청산하며 아내로 삼았던 이방 여자들과 그들의 소생을 다 내보내고 여호와 하나님의 율법대로 행하는 놀라운 일이 일어났다.

악한 이방인들로부터 흘러오던 영향력의 고리를 끊어버리고 대신에 하나님이 기뻐하시는 일들을 행할 수 있는 하나님의 영향력이 유입되는 것, 이것이 그들에게 일어난 부흥운동이었다.

우리가 정말 부흥을 꿈꾸고 사모한다면 이 말씀이 구현되어야 한다.

너희는 이 세대를 본받지 말고 오직 마음을 새롭게 함으로 변화를 받아 하나님의 선하시고 기뻐하시고 온전하신 뜻이 무엇인지 분별하도록 하라 롬 12:2

이것이 참된 부흥이다. 우리 모두의 삶 속에서 이 말씀이 회복되기를, 그래서 영향력이 회복되는 부흥이 우리 모두의 삶에 일어나게 되기를 바라고 소망한다.

이처럼 부흥이 악한 영향력의 고리가 끊어지고 선한 영향력이 회복되는 것이라면, 이 선한 영향력의 확산 차원에서 부흥을 위한 대안을 세 가지로 정리해보고 싶다.

본질이 회복되어야 한다

첫째, 선한 영향력이 확산되는 부흥이 일어나기 위해선 본질의 회복이 필요하다.

에스라서는 총 10장으로 구성되어 있다. 1장부터 6장까지가 전반부, 7장부터 10장까지가 후반부이다. 전반부에는 스룹바벨의 지도력이 나타났던 1차 귀환의 모습이 담겨 있고, 후반부에는 에스라를 중심으로 한 2차 귀환의 과정이 그려지고 있다.

스룹바벨을 중심으로 이뤄졌던 1차 귀환 때 돌아왔던 사람들이 이룬 가장 중요한 일은 성전 재건이었다. 이스라엘 백성들이 조국으로 돌아와 보니, 기가 막힌 상황이었다. 건물은 다 부서져 있고 특히 하나님의 성전은 흔적도 없이 무너져 있었다. 그래서 눈물로 성전 재건을 이뤄내는 게 1차 귀환 때의 일이다.

부흥, 오늘을 사는 힘

그런데 에스라서는 여기서 끝나지 않는다. 눈에 보이는 건물 하나 세우고 끝난 게 아니다. 2차 귀환 후 그 복구된 성전을 중심으로 이스라엘 백성들의 회개운동이 일어났다. 즉 마음의 성전이 복구된 것이다.

하나님이 기뻐하시는 부흥은 눈에 보이는 건물의 회복이 아니다. 우리 마음의 성전이 지어지는 것이다. 우리의 첫사랑이 회복되는 것이다. 악한 생활을 끊어버리고 하나님의 자녀로 돌아가고자 하는 각성운동이 일어나는 것이다.

건물만 짓고 끝나면 안 된다

이런 일련의 과정들을 보면서 마음이 아파왔다. 아무것도 없던 대한민국에 복음이 들어오고, 우리 믿음의 선배들은 에스라서 전반부에서 그려진 것처럼 애써서 예배당을 만들고 교회를 건축했다. 그런데 오늘날 우리의 현실은 어떤가? 6장 이후부터 나가야 할 진도가 막힌 채 아직도 눈에 보이는 건물에 머물러 있는 건 아닌가?

건물까지는 잘 지었는데, 지어진 예배당 안에서 우리 마음의 각성이 일어나고 악한 세상의 영향력 아래 노출되어 있는 우리 자신의 모습을 보며 "우리가 어찌 할꼬" 탄식하고 가슴을 찢는 일이 일어나지 않는다면 정말 비극 아닌가?

부흥은 일회성 이벤트로 일어나는 게 아니다. 세계를 뒤집어놓을 것 같은 대단한 목소리로 외쳐대는 시끄럽고 요란한 곳에서 부흥이 일어나는 게 아니라 우리 각자의 심령 속에서 '내가 이대로 살아선 안 되겠다' 하는 조용한 각성으로 시작되는 것이다.

　　'내가 세상 일에만 관심을 기울이고 하나님나라의 일은 나 몰라라 하면서 의미 없이 살아선 안 되겠다.'

　　'내가 그리스도인으로서 거짓으로 살면 안 되겠다. 정직하게 살아야겠다.'

　　'대한민국에서 거짓말 안 하고 어떻게 사업을 해?'라면서 세상 사람들과 다를 바 없이 살던 사람이 조용한 각성을 하는 게 부흥이다. 여기서부터 부흥이 시작된다.

조용한 내면의 각성으로 부흥이 시작된다

목회를 하다 보니 주례를 설 때가 종종 있다. 특히 젊은 목회자들의 주례를 자주 맡게 되는데, 그때마다 나는 결혼식이 있기 전에 신랑에게 심각하게 이야기한다.

　　"당신은 지금부터 옆에 있는 이 자매를 온 정성을 다해 섬겨야 해요. 그래서 이 자매로부터 '우리 남편은 진짜 목사입니다'란 평가를 받지 못한다면 당신은 실패한 목회자입니다."

부흥, 오늘을 사는 힘

왜 이렇게까지 이야기하는가? 진정한 부흥과 각성이 일어나면 그 열매를 가장 가까이에 있는 사람이 받아 누리는 것이 정상이기 때문이다.

설교자로서 내가 가장 보람 있고 기쁜 순간은, 성도들에게서 이런 메일을 받을 때이다.

"목사님, 지난주 말씀을 듣고 제가 회개했습니다. 앞으로 더 이상 이렇게 살면 안 되겠다고 생각했습니다. 아버지 앞에서 나의 행실을 고치기로 결단합니다."

심지어 외도하고 있던 남편 혹은 아내로부터 "하나님 앞에서 눈물로 회개했습니다. 이 죄악을 끊어버리겠습니다"라는 고백이 전해져 오기도 한다. 이런 기쁜 소식들이 얼마나 많이 오는지 모른다. 이럴 때면 정말 설교자로서 한없이 기쁘고 보람을 느낀다.

회개란 것은 '아이고, 내가 이렇게 살면 안 되겠다'라고 잠깐 생각하고 그치는 게 아니다. 가던 길에서 돌아서는 것, 악한 고리를 끊어버리는 것이 회개이다. 우리 모두의 내면에서 이 세상의 악한 영향력의 고리가 끊어지고 하나님으로부터 공급되는 은혜의 영향력 아래 놓이는 부흥이 일어나게 되기를 바란다.

'함께의 정신'이 회복되어야 한다

둘째, 선한 영향력이 확산되는 부흥이 일어나기 위해선 '함께의 정신'이 회복되어야 한다. 다른 말로 하면 '각성의 확산'이다.

본문을 보면서 개인적으로 은혜가 되는 특별한 구조가 눈에 띄었다. 에스라서 9장 3절을 보면 에스라의 회개 장면이 먼저 나온다.

> 내가 이 일을 듣고 속옷과 겉옷을 찢고 머리털과 수염을 뜯으며 기가 막혀 앉으니 스 9:3

지도자 에스라가 먼저 각성과 회개의 자리로 나아가자 어떤 일로 연결되는가? 4절을 보자.

> 이에 이스라엘의 하나님의 말씀으로 말미암아 떠는 자가 사로잡혔던 이 사람들의 죄 때문에 다 내게로 모여 오더라 내가 저녁 제사 드릴 때까지 기가 막혀 앉았더니 스 9:4

여기 나오는 '이에'라는 접속부사의 능력을 아는가? 한 사람의 각성이 '이에'라고 표현되는 '각성의 확산'으로 연결되는 모습이다. 이와 똑같은 패턴이 10장에서도 발견된다.

에스라가 하나님의 성전 앞에 엎드려 울며 기도하여 죄를 자복할 때
에 … 스 10:1

여기서도 지도자 에스라가 먼저 하나님 앞에 회개하고 엎드려 울
며 죄를 자복하는 모습을 보여주고 있다. 그랬더니 백성들이 어떻
게 따르는지 보라.

… 많은 백성이 크게 통곡하매 이스라엘 중에서 백성의 남녀와 어린
아이의 큰 무리가 그 앞에 모인지라 스 10:1

나는 이 모습 앞에 한없는 부끄러움을 느꼈다.
'나는 지금 한 교회를 담임하는 지도자로서 에스라와 같은 모범
을 보이고 있는가? 매주일 마이크에 대고 회개하라고 외치고는 있
지만, 이 외침에 진짜 능력이 나타나고 있는가?'

부모의 모범이 자녀를 세운다

가정도 마찬가지 아닌가? 옛 어른들에 비하면 지금 부모들은 학력
도 높고 자녀를 향한 교육열도 높다. 그런데 오늘날 자녀교육은 왜
이렇게 혼미해진 것인가?

대부분의 어른들이 그러셨던 것처럼 우리 어머니도 가난한 동네의 평범한 여인에 불과하셨다. 교육학을 전공하지도 않았고, 교육 이론에 대해 많은 정보가 있었던 것도 아니었다. 그러나 나는 그런 평범한 어머니의 권위와 영향력을 한 번도 벗어나본 적이 없다. 사춘기를 지나면서도 '담배를 피워야겠다, 술 진탕 마시고 내 맘대로 살아야겠다'라는 생각을 해본 적이 없다. 어머니의 영향력 때문이었다.

그렇다고 어머니가 잔소리가 많으신 분도 아니었다. 오히려 굉장히 과묵한 분이셨다. 그런데 내가 왜 어머니의 영향력 아래 놓일 수밖에 없었을까?

지금도 기억에 선명한 몇몇 장면이 있다. 새벽에 화장실에 가려고 나가다 보면 안방에서 이상한 소리가 들렸다. 깜짝 놀라 문을 빠끔 열어보면 새벽 4시쯤 되는 그 이른 시간에 어머니가 담요를 둘러 쓰고 기도하고 계셨다.

무슨 소린지도 모르겠는 불분명한 발음 속에서도 또렷하게 반복되는 단어가 있었다. "찬수, 찬수, 찬수"였다. 암만 철없는 중학생이라 하더라도 그것이 어떤 상황인지 알 수 있었다.

'어머니가 날 위해 기도하고 계시는구나!'

그러니 내가 어떻게 나가서 나쁜 짓을 하며 돌아다닐 수 있겠는가? 지금까지도 나는 그 어머니의 영향력 아래 있다. 아흔이 넘으신

부흥, 오늘을 사는 힘

지금도 여전히 기도하고 계시기 때문이다. 목회를 하면서 성도들의 기도와 격려도 무섭지만, 무엇보다 나는 어머니의 기도를 실망시켜 드리는 자식이 되고 싶지 않다.

오늘날 자녀교육이 왜 이렇게 어렵고 힘든 과제가 되었는가? 에스라가 보여준 '함께의 정신'이 사라졌기 때문이 아닌가?

나로부터 시작된 부흥이 흘러가야 한다

이런 각성의 확산은 어떻게 가능한가? 에스라는 타락한 백성들을 운동장에 모아놓고 교장선생님이 훈시하듯 잔소리하며 정신 차리라고 소리 지르지 않았다. 지도자인 그가 먼저 가슴을 찢고 통곡하며 하나님 앞에서 회개하는 모습을 보여주었다. 그러자 백성들이 저절로 그것을 따랐다.

오늘날 한국 교회의 비극은 에스라와 같은 지도자가 많지 않기 때문은 아닐까? 나는 교회 지도자의 한 사람으로서 이 사실 앞에서 많은 자책이 된다.

이 땅의 교회가 다시 한 번 부흥하려면 먼저 지도자의 각성이 필요하다. 그 각성이 확산되고 '함께의 정신'이 회복될 때 놀라운 부흥의 불길이 다시 한 번 타오를 줄 믿는다.

가정에 진짜 부흥이 일어나기를 원하는가? 부모가 말로 훈계하는 것이 아니라 가슴을 찢으며 하나님 앞에 회개하는 모습을 보여주는 가정이 되어야 한다. 그래야 그 영향력 아래서 각성의 확산이 자녀에게로 이어진다.

부흥은 다른 누구로부터가 아닌 바로 나로부터 시작된다. 이 사실을 자각하는 것이 중요하다. 하지만 더 중요한 것은 나로부터 시작된 부흥이 나에게서 끝나면 그것은 부흥이 아니란 것이다. 나로부터 시작된 부흥은 확산되어야 한다. 흘러보내야 한다. 에스라가 보여준 것처럼 말이다.

겨울나무는 체감온도 영하 27, 28도의 혹한 속에서도 버티며 봄을 꿈꾼다. 아무리 추워도 봄은 온다. 어쩌면 이 나무들이 버텨주는 덕분에 봄이 오는 것인지도 모르겠다. 그러나 더 중요한 사실이 있다. 나무 한 그루가 각성하여 봄을 기다린다고 해서 봄이 오는 게 아니란 것이다.

신영복 교수님이 쓰신 책 중에 《더불어 숲》이란 책이 있다. 그 책에 보면 이런 표현이 있다.

"우리 더불어 숲이 되어 지키자."

나무 한 그루 각성시키는 게 포인트가 아니다. '우리 더불어'의 정신이 있어야 한다. 한 그루가 아니라 숲을 볼 수 있어야 한다. 에스라의 각성이 확산되는 아름다운 '함께의 정신'이 우리에게도 회복되어야 한다.

부흥, 오늘을 사는 힘

'우리'에서 '우리'로

내가 개척 초기부터 좋아했던 찬양 중에 이런 곡이 있다.

저 장미 꽃 위에 이슬 아직 맺혀 있는 그때에
귀에 은은히 소리 들리니 주 음성 분명하다
주님 나와 동행을 하면서 나를 친구 삼으셨네
우리 서로 받은 그 기쁨은 알 사람이 없도다

여기서 '우리'는 주님과 나이다. 주님이 나와 동행하며 친구 삼아 주셨기에 영적인 동산에서 주님과 함께 거닐며 주고받은 기쁨을 알 사람이 없다는 것이다. 이게 신앙생활의 묘미이다. 나는 성도들 앞에서 설교할 때도 기쁘고 즐겁지만, 그보다 더 기쁜 순간은 고요한 새벽에 주님과 독대할 때이다. 주님과 은밀히 만나는 그 시간에 부어지는 기쁨은 아무도 알 사람이 없다.

그러나 신앙은 여기서 끝내는 게 아니다. 1차적으로 주님과 동행하며 주님께 받은 기쁨을 누리는 것이 신앙생활이지만, 그 은혜를 받은 우리가 해야 할 일은 '흘려보내는 것'이다. '주님과 나'를 지칭하는 '우리'에 그치는 것이 아니라 '나와 너'를 지칭하는 '우리'에게까지 나아가는 것이 신앙생활이며, 이것이 영향력이 확산되는 부흥이다. 이러한 부흥이 우리 안에 일어나게 되기를 바란다.

희망이 확산되어야 한다

셋째, 선한 영향력이 확산되기 위해서는 '희망의 확산'이 일어나야
한다.

나는 "이스라엘에게 아직도 소망이 있나니"란 표현이 참 좋다. 이
짧은 구절을 한 주 내내 묵상했다.

"한국 교회에 아직 소망이 있다니! 어려움을 당하고 있는 수많은
가정에 아직 소망이 있다니! 낙심해 눈물 흘리는 수많은 심령에 아
직 소망이 있다니!"

우리에게 아직도 소망이 있는 이유가 무엇인가? 이것이 어떻게 가
능한가? 아니, 일단 우리는 왜 이렇게 낙심하는가?

《긍정심리학》이란 책으로 유명해진 마틴 셀리그만이란 심리학자
가 있다. '학습된 무력감'이란 용어가 그의 실험을 통해 나왔다. 셀
리그만은 24마리의 개를 8마리씩 A, B, C 세 그룹으로 나눠 실험을
했다.

A 그룹의 개들에게는 전기충격을 가하면서 전기충격으로 고통스

부흥, 오늘을 사는 힘

러워질 때 개가 코로 자기 앞에 있는 전구 조작기를 누르면 그 전기 흐름이 끊어지도록 해놓았다. B 그룹의 개들에게는 똑같이 고통스런 전기를 흘려보내지만 앞에 있는 조작기를 아무리 눌러도 전기가 끊어지지 않도록 했다. C 그룹의 개들에게는 아무런 전기 고통을 가하지 않았다.

이렇게 각 그룹에 주어진 조건에서 24시간을 보내도록 한 뒤에 그 개들을 동일한 환경의 실험실로 데려갔다. 그리고 24마리의 개 모두에게 똑같이 전기충격을 주면서 그 앞에는 나지막한 턱을 놓아 언제라도 그 턱을 넘어 도망갈 수 있는 환경을 조성했다.

A 그룹의 개들은 전기가 흐르자 자기 코로 이것저것 눌러보다가 그 턱을 넘어 확 도망가 버렸다. C 그룹도 마찬가지였다. 아예 전기충격이 뭔지도 모르던 그 개들은 전기충격이 오자마자 깜짝 놀라 바로 그 턱을 넘어 도망가 버렸다.

가장 불행한 것은 B 그룹의 개들이었다. 고통스런 전기충격이 오는데도 그 개들은 아무런 시도도 하지 않았다. 충분히 도망갈 수 있는 환경인데도 불구하고 그 모든 고통을 감내하며 무기력하게 웅크려 있을 뿐이었다. 이 실험 결과로 나온 용어가 '학습된 무력감'이다.

B 그룹의 개는 왜 그렇게 무기력하게 고통을 감내하고 있었을까? 그 개들의 머릿속엔 어떤 생각이 가득 차 있었을까?

‘나는 이 전기충격에 대해 아무것도 할 수 없는 존재다. 내가 아무리 노력해도 이 전기충격에서 벗어날 수 없다.’

나는 이것이 바로 사탄의 전략이란 생각이 들었다. 우리가 죄 한 번 짓게 하는 게 사탄의 목표가 아니다. 한 번 실패하고 낙심하게 하는 게 목표가 아니다. 사탄의 궁극적인 목표는 우리 내면에 학습된 영적 무력감을 심어주는 것이다.

지금 한국 교회에 이런 사탄의 전략과 공격이 얼마나 많이 먹혀 들어가고 있는가? 너무나 많은 교회가 패배의식에 빠져 있다.

‘우리 교회는 안 된다, 우리 교회는 부흥할 수 없다.’

가정과 개인은 또 어떤가?

‘우리 가정은 회복이 어렵다. 우리 가정은 돈도 없고 배경도 없는 삼류가정에 불과하다.’

‘내 인생은 실패다. 아무리 노력해도 이 자리를 벗어날 수 없다.’

그러나 이렇게 학습된 무력감에 빠진 수많은 하나님의 사람들에게 성령께서 그렇지 않다는 것을 깨우쳐주시는 것이, 그리고 그 소망이 확산되는 것이 부흥이다!

일하시는 하나님이 계시기에

부흥에 대해 묵상하다가 마틴 루터 킹 목사님의 유명한 연설문이

부흥, 오늘을 사는 힘

생각났다. 루터 킹 목사님이 활동하던 1960년대 초반은 흑인들은 사람으로 인정도 받지 못하던 때였다. 그런 시대에 흑인 인권 운동을 펼치셨으니 루터 킹 목사님에게 얼마나 많은 암살 위협과 협박이 있었겠는가? 그 모든 위협에도 불구하고 목사님은 너무나 놀랍고 아름다운 연설문을 남겼다.

> "나에게는 꿈이 있습니다. 피에 물든 조지아 주 언덕에서 노예의 후손들과 노예주인의 후손들이 형제처럼 손을 맞잡고 나란히 앉게 되는 꿈입니다. 지금 나에게는 이런 꿈이 있습니다."

왜 루터 킹 목사님에겐 '학습된 무력감'이 없었을까? 다른 많은 사람과 마찬가지로, 아니 더 거센 사탄의 공격 앞에 노출되어 있었음에도 그가 여전히 "나에게는 꿈이 있습니다"라고 외칠 수 있었던 이유는 무엇일까?

> 너희는 이전 일을 기억하지 말며 옛날 일을 생각하지 말라 보라 내가 새 일을 행하리니 이제 나타낼 것이라 너희가 그것을 알지 못하겠느냐 반드시 내가 광야에 길을 사막에 강을 내리니 사 43:18,19

우리는 이 말씀을 기억해야 한다. 부흥의 주체는 하나님이시다.

나는 무력하지만, 나는 전기충격에 어쩔 줄 몰라 하는 강아지처럼 무기력한 존재지만 일하시는 하나님이 계시기에 소망이 있다.

마틴 루터 킹 목사님은 아마도 이 사실을 아셨을 것이다. 그래서 자신에게 주어지는 집요한 사탄의 공격에도 불구하고 그 공격에 무릎 꿇는 대신 "나에게는 꿈이 있습니다"라고 당당히 외칠 수 있으셨던 것이다.

우리도 다 이 말씀을 가슴에 새겨 마틴 루터 킹 목사님처럼 사탄의 공격 앞에 노출됨으로 만연해 있는 '학습된 무력감'을 떨쳐버리는 은혜가 있기를 바란다.

학습된 무력감에서 벗어나기 원한다면 또 하나 기억해야 할 것이 있다. 에스라서 10장 2절의 "이스라엘에게 아직도 소망이 있나니"란 말씀 바로 뒤에 나오는 말씀을 보자.

곧 내 주의 교훈을 따르며 우리 하나님의 명령을 떨며 준행하는 자의 가르침을 따라 이 모든 아내와 그들의 소생을 다 내보내기로 우리 하나님과 언약을 세우고 율법대로 행할 것이라 스 10:3

이방인들과 통혼하고 그들의 악한 행실에 영향을 받아 물들었던 이스라엘이 자신의 악한 행실을 회개하고 끊어내는 것에서부터 부흥이 시작되었다.

부흥, 오늘을 사는 힘

우리가 정말 하나님이 일하시는 분이심을 믿는다면, 그분이 능력이 많으신 분이심을 믿는다면, 그 하나님이 싫어하시는 일들을 청산하는 회개운동이 일어나게 될 줄 믿는다.

우리는 부흥을 생각할 때 부흥의 주관자는 오직 하나님이시란 사실을 기억해야 한다. 하나님이 일하시는 것이다.

그가 내게 대답하여 이르되 여호와께서 스룹바벨에게 하신 말씀이 이러하니라 만군의 여호와께서 말씀하시되 이는 힘으로 되지 아니하며 능력으로 되지 아니하고 오직 나의 영으로 되느니라 슥 4:6

사람의 힘이나 능력으로 이뤄지는 것은 진정한 부흥이 아니다. 그것은 결국 우리에게 '결코 이루어질 수 없는 꿈'이 되고 말 것이다. 부흥은 본래 우리의 힘으로 할 수 없다. 오직 하나님이 일하신다. 이 사실을 기억하고, 슬피 울며 "그 꿈은 이루어질 수 없기 때문입니다"란 무기력한 신음소리가 우리 입술에서 사라지게 되기를 바란다.

하나님의 일하심으로 이 찬양의 가사가 우리 삶 속에 그대로 이뤄지게 될 줄 믿는다.

주여 지난 밤 내 꿈에 뵈었으니
그 꿈 이루어 주옵소서

나의 놀라운 꿈 정녕 나 믿기는
장차 큰 은혜 받을 표니

우리의 꿈은 이루어질 수 있다. 일하시는 주님이 우리의 꿈을 이
루어주신다!

부흥, 오늘을 사는 힘

#

영적으로. 민감해진다는. 건. 뭘까?

부흥은 복잡한 것이 아니다.
빛 되신 주님을 **가까이** 모시고 살아가는 것이 **부흥**이다.

강렬한 빛 되시는 주님을 가까이 모시고 살다 보면
세상 사람들은. 가책 없이. 넘어갈 수 있는. 작은 죄도
그냥 넘길 수 없게 된다.

남들은 아무렇지 않게 생각하는 일조차도
부끄러워. 견딜 수. 없게. 된다.

진정으로 **회복**되기 원하는가?

그렇다면. 부끄러움을. 자각해야. 한다.

성령님이 강력하게 역사하셔서

우리 안의. 무딘 감각을. 회복시켜주시길….

얼굴을 들 수 없는 부끄러움이 회복되는 것에서
진정한 회복이 시작된다.

대제사장 힐기야가 서기관 사반에게 이르되

내가 여호와의 성전에서 율법책을 발견하였노라 하고

힐기야가 그 책을 사반에게 주니 사반이 읽으니라

서기관 사반이 왕에게 돌아가서 보고하여 이르되

왕의 신복들이 성전에서 찾아낸 돈을 쏟아

여호와의 성전을 맡은 감독자의 손에 맡겼나이다 하고

또 서기관 사반이 왕에게 말하여 이르되

제사장 힐기야가 내게 책을 주더이다 하고

사반이 왕의 앞에서 읽으매 왕이 율법책의 말을 듣자 곧 그의 옷을 찢으니라

왕이 제사장 힐기야와 사반의 아들 아히감과 미가야의 아들 악볼과

서기관 사반과 왕의 시종 아사야에게 명령하여 이르되

너희는 가서 나와 백성과 온 유다를 위하여

이 발견한 책의 말씀에 대하여 여호와께 물으라

우리 조상들이 이 책의 말씀을 듣지 아니하며

이 책에 우리를 위하여 기록된 모든 것을 행하지 아니하였으므로

여호와께서 우리에게 내리신 진노가 크도다

부끄러움을 모르는 부끄러움

얼마 전에 윤동주 시인의 일대기를 그린 〈동주〉라는 제목의 영화를 봤다. 영화를 보는 내내 마음이 무겁고 아팠다. 특히 죽음을 앞둔 윤동주 시인에게 일본 순사가 무슨 서류에 서명하라고 강요하자 그걸 거부하며 던진 그의 한 마디가 마음에 오랜 여운으로 남았다.

"이런 시대에 태어나 시인으로 살고자 했던 나 자신이 부끄럽다."

영화에서뿐만 아니라 실제로 윤동주 시인의 시를 보면 일제강점기라는 부끄러운 시기에 시인으로 활동한 자기 자아에 대해 부끄러움을 토로하는 내용이 많다. 윤동주 시인이 쓴 〈쉽게 쓰여진 시〉도 그렇다.

부흥, 오늘을 사는 힘

나는 무얼 바라

나는 다만, 홀로 침전하는 것일까?

인생은 살기 어렵다는데

시가 이렇게 쉽게 쓰여지는 것은

부끄러운 일이다

목회자로서 사람들 앞에서 설교를 하며 살다 보니 윤동주 시인이 느꼈다는 부끄러움이 뭔지 조금은 알 것 같고, 그의 내면세계가 조금은 읽히는 것 같았다. 그런 마음으로 영화를 보고 집으로 돌아가는데 마음이 우울했다.

일제강점기가 시대적인 암흑기였다면, 목회하는 내 입장에서 볼 때 이 시대야말로 영적 암흑기가 아닐 수 없다. 예수님의 이름이 조롱을 당한 지 오래되었고, 주님의 피 값으로 사신 교회가 세상의 불신을 받으며 웃음거리가 된 지도 오래되었다. 누구보다도 사람들에게 '정직하다, 진실하다'라는 평가를 받아야 할 목회자들이 세상에서는 말할 것도 없고 이제는 교회 안에서조차 불신의 대상으로 전락하고 말았다.

이런 부끄러운 현실 속에서 나는 목회를 한다. 내게 과연 윤동주 시인이 가졌던 그 부끄러움이 있는가? 이런 질문이 내 마음을 어지럽게 했다. 그날 이후 종종 '부끄러움'이라는 단어를 되뇌곤 한다.

공교롭게도 그렇게 '부끄러움'이라는 단어를 되뇌고 있을 즈음에, 부끄러움과 관련한 대조적인 두 가지 이야기를 보고 들었다.

부끄러움에 관한 두 가지 태도

첫 번째 이야기는 고(故)김수환 추기경과 관련된 것이다. 그 분이 우리나라 최초의 추기경으로 선출되었을 때 천주교 신자들 중 사업하시던 분들이 힘을 모아서 캐딜락을 선물했다고 한다. 그래서 한동안 캐딜락을 자가용으로 타고 다니셨나보다. 그런데 캐딜락을 타고 가던 어느 날, 동승했던 한 수녀가 농담처럼 이렇게 말했단다.

"추기경님, 이런 고급 차를 타고 다니시면 길거리에서 사람 떠드는 소리도 안 들리고 고약한 냄새도 안 나겠네요."

농담처럼 가볍게 한 이야기였겠지만 추기경에게는 그 말 한 마디가 마치 망치로 뒤통수를 때리는 것처럼 충격이 되었다고 한다. '나도 모르게 귀족이 되어 있었구나'라는 걸 자각하게 된 것이다. 가슴 아픈 자각을 한 추기경은 캐딜락을 돌려보낸 후에 마음으로 결심했다고 한다.

'평생에 다시는 고급차를 타지 않겠다.'

두 번째 이야기는 〈스포트라이트〉라는 영화에 관한 것이다. 2001년 미국 보스턴에서 있었던 실화를 바탕으로 한 이 영화는 오

부흥, 오늘을 사는 힘

랫동안 은폐되었던 천주교 사제들의 아동 성추행 문제를 보스턴의 어느 지역 신문사 특종팀에서 밝혀내는 과정을 담았다. 그 사건의 실제 주인공으로 알려진 게이건 신부는 30년에 걸쳐서 130명의 어린 이들을 성추행하는, 믿기 어려운 파렴치한 짓을 저질렀다고 한다.

당연히 "아니, 어떻게 성직자가 30년에 걸쳐서 그런 짓을 저지를 수 있느냐?"라는 질문을 던질 수밖에 없다. 나는 영화의 한 장면에서 이 질문에 대한 답을 찾았다.

기자들이 어린이 성추행 혐의를 받고 있는 노(老)신부를 찾아가 취재를 하는 장면이 나오는데, 특이한 것은 그 노신부가 한 마디 변명도 없이 너무나 쉽게 혐의를 시인하는 것이다. 어떻게 그럴 수 있는가 의아했는데, 그 신부가 강력하게 주장하는 것이 있었다. 자기는 성추행밖에 안 했다는 것이다. 그것보다 더 악하고 나쁜 짓은 하지 않았다는 것이다.

그 장면을 보고 있으니 씁쓸한 마음이 밀려왔다. 성직자로서 어린아이를 성추행한 것 자체가 더 이상 나쁠 수 없을 천인공노(天人共怒)할 짓인데, 자기는 성추행은 했지만 성폭행은 안 했다는 식으로 강변하는 그의 모습이 괴물처럼 느껴졌다. 사람이 부끄러움을 잃어버리면 이렇게 괴물이 되어간다.

우리에게는 이런 추한 모습이 없는가? 이 땅을 살아가면서 영적으로 민감해진다는 게 무엇을 의미하는가? 부흥이란 대체 무엇인가? 부흥은 복잡한 것이 아니다. 빛 되신 주님을 가까이 모시고 살아가는 게 부흥이다. 강렬한 빛 되시는 주님을 가까이 모시고 살다 보면 세상 사람들은 가책 없이 넘어갈 작은 죄도 그냥 넘길 수 없는 영적으로 민감한 사람이 된다. 남들은 아무렇지 않게 생각하는 일조차도 부끄러워 견딜 수 없는 자기 인식을 갖게 된다.

강력한 부흥이 시작된 우연한 기회

요시야 왕은 구약의 여러 부흥운동 중에서도 강력한 부흥운동을 주도했던 성군이라고 할 수 있다. 참 좋은 왕이다. 그런데 그 강력한 부흥은 사실 아주 우연한 기회에 시작되었다.

> 여호와의 성전을 맡은 감독자의 손에 넘겨 그들이 여호와의 성전에 있는 작업자에게 주어 성전에 부서진 것을 수리하게 하되 … 대제사장 힐기야가 서기관 사반에게 이르되 내가 여호와의 성전에서 율법책을 발견하였노라 하고 힐기야가 그 책을 사반에게 주니 사반이 읽으니라 … 또 서기관 사반이 왕에게 말하여 이르되 제사장 힐기야가 내게 책을 주더이다 하고 사반이 왕의 앞에서 읽으매 왕하 22:5,8,10

요시야 왕은 왕으로 즉위한지 18년째 되던 해에 성전을 수리하라는 명령을 내린다. 왕의 명령을 받들어 성전을 수리하는 과정에서 율법책이 발견되었다. 그리고 그 율법책은 요시야 왕에게 전해졌다. 여기까지는 우연히 일어난 일이다. 개혁을 하려고 뭔가 의도한 것이 아니다. 그런데 율법책을 읽은 왕의 반응이 격렬하다.

> 왕이 율법책의 말을 듣자 곧 그의 옷을 찢으니라 왕하 22:11

당시 '옷을 찢는다'는 것은 극심한 고뇌를 나타내는 표현이라고 한다. 신앙적으로 말하자면 하나님 앞에서 극심한 자기 아픔과 고뇌를 가지고 회개하는 마음의 표현이다. 요시야 왕은 격렬하게 반응한 데서 끝내지 않고, 그것을 강력한 개혁운동으로 연결시켰다.

중요한 것은, 요시야 왕이 우연히 경험한 '율법책 발견 사건'을 그냥 흘려보내지 않고 그것을 하나님 앞으로 나아가는 계기로 삼는 영적인 민감함을 가졌다는 사실이다.

평양대부흥의 시작

이런 맥락에서 보면 1907년에 일어났던 평양대부흥도 우연히 일어나게 된 사건이라고 말할 수 있다. 100년이 지난 지금까지도 회자되고 있는 이 강렬한 부흥운동이 어떻게 시작되었는지 아는가?

신년을 맞아 가진 부흥회 기간 중에, 장대현교회 길선주 장로님이 갑자기 회중 앞으로 나오시더니 깜짝 놀랄 고백을 하셨다. 친한 친구가 세상을 떠나면서 가족을 위해 써달라고 장로님에게 큰 돈을 맡겼는데 그 돈의 일부를 감추어놓고 일부만을 가족에게 전해주었다는 것이다.

수많은 성도들 앞에서 공개적으로 자신의 치부를 드러내는 부끄러운 고백을 한 길선주 장로님은 자신이 아간 같은 놈이라며 그 돈을 꼭 갚겠다고 약속했다. 이런 예기치 못한 장로님의 공개 회개가 끝나자 이번에는 다른 성도가 용기를 얻어 자기에게도 숨겨둔 죄가 있다고 공개적으로 고백했다. 그러자 또 다른 성도가 나와서 고백을 했다. 이렇게 죄의 고백이 이어지면서 앉아 있던 수많은 성도들이 다 통곡하고 회개하며 눈물바다를 이루게 되었다.

고신대 이상규 교수가 쓴 '새롭게 읽는 한국교회사'란 글에 보면, 김양선이라는 분이 기록한 현장의 모습을 이렇게 소개한다.

"인간이 범할 가능성이 있는 모든 죄는 거의 다 고백되었다. 사람의 체면은 이제 다 잊어버리고 오직 이때까지 자기들이 배반하던 예수를 향하여 '주여 나를 버리지 마옵소서'라고 울부짖을 뿐이다. 국법에 의해 처벌 받는다든가 또 바로 죽임을 당한다 하더라도 문제가 아니었다. 다만 하나님의 용서를 받는 것만이 그들의 유일한 소원이었다."

부흥, 오늘을 사는 힘

이렇게 평양대부흥운동이 시작되었다. 그 부흥은 평양을 넘어 서울로, 대구로, 광주로, 목포로 확산되어갔다. 그야말로 장로 한 사람이 하나님 앞에서 부끄러운 자신의 일을 고백한 사건이 한 시대를 조명하는 부흥운동으로 연결된 것이다.

진정으로 가정이 회복되기 원하는가? 그렇다면 아버지가 먼저 부끄러움을 자각해야 한다. 자녀들에게 모든 것을 세세히 다 말할 필요는 없지만, 자신이 가진 부끄러움을 자각하며 아이들에게 부끄럽지 않은 부모가 되어야겠다는 다짐을 해야 한다. 거기에서부터 가정의 회복이 시작된다.

지나가면서 수녀가 던진 한 마디 말에 부끄러움을 느껴 다시는 고급 승용차를 타지 않겠다고 결심할 수 있는 그 자리에서부터 회복이 일어난다.

성추행이라는 끔찍한 짓을 저지르고도 그 이상의 나쁜 짓은 하지 않았다고 우기는 늙은 신부처럼 부끄러움을 느끼지 못하고 살아가는 상태로는 안 된다. 우리의 모습은 어떤가?

요시야 왕이 경험한 것처럼 우리도 살아가다 보면 우연히 경험하게 되는 일들이 많다. 그 '우연히' 일어나는 일들을 영적으로 민감한 눈으로 바라보면 그것이 바로 하나님께 회개하고 돌아서게 하는 기회와 계기가 될 수 있음을 알 수 있다. 요시야 왕의 귀함이 바로 여기에 있다.

성령님이 우리 안에 강력하게 역사하셔서 무딘 감각이 회복됨으로 부끄러움을 부끄러움으로 자각할 수 있게 되길 바란다. 얼굴을 들 수 없는 부끄러움이 부끄러움으로 회복되는 것에서부터 진정한 회복이 시작된다.

부끄러운 현실을 자각하라

부흥을 위한 전제조건이 있다. 첫째로, 부끄러운 현실을 자각해야 한다. 예수님은 요한계시록 3장에서 라오디게아교회를 향해 가슴 아픈 지적을 하신다.

> 내가 네 행위를 아노니 네가 차지도 아니하고 뜨겁지도 아니하도다 네가 차든지 뜨겁든지 하기를 원하노라 계 3:15

그리고 라오디게아교회가 가지고 있는 문제점의 원인을 이렇게 분석하신다.

> 네가 말하기를 나는 부자라 부요하여 부족한 것이 없다 하나 네 곤고한 것과 가련한 것과 가난한 것과 눈 먼 것과 벌거벗은 것을 알지 못하는도다 계 3:17

아마도 라오디게아교회는 부자들이 모인 교회였던 것 같다. 물질적으로 풍족한 것 때문에 스스로에 대해 '부족한 것이 없는 사람'으로 인식하는 어리석음이 그들의 영혼을 피폐하게 만들었다. 주님은 지금 그 부분을 지적하고 계신다.

오늘 우리 가운데 얼마나 많은 이들이 이런 증세를 가지고 있는가? 마음이 너무 부유해져서 '오늘 은혜 받지 않으면 나는 죽는다'라는 절박한 마음이 별로 없다. 우리가 가지고 있는 이 부유한 마음, 이것이 라오디게아교회의 증세다.

겉으로 보기에 갖춘 것이 많은 사람일수록 이런 증세에 빠질 위험이 많다. 그러므로 갖춘 것이 많다고 생각되는 사람일수록 더욱 조심히 자기 영혼의 상태를 점검해야 한다.

"네가 겉으로 보기에는 부자요 다 갖춘 것 같지만, 바로 그것이 네 영혼을 피폐하고 가난하게 만든 원인이다. 이것을 잊어서는 안 된다."

이렇게 라오디게아교회의 문제점을 진단하신 예수님은 대안을 제시하신다.

내가 너를 권하노니 내게서 불로 연단한 금을 사서 부요하게 하고 흰 옷을 사서 입어 벌거벗은 수치를 보이지 않게 하고 안약을 사서 눈에 발라 보게 하라 계 3:18

부끄러움을 자각하라는 말씀이다. 네가 지금 얼마나 수치스러운 자리에 빠졌는지를 자각하라는 것이다.

내 탓이 아니라 남 탓

본문에서 발견되는 요시야 왕의 귀한 모습이 하나 더 있다. 요시야 왕은 율법책을 발견한 후 옷을 찢으며 자신의 부끄러움과 수치를 표현한다. 하지만 사실 이것은 요시야 왕의 잘못이 아니다. 요시야 왕도 그 사실을 알고 있었다.

> 너희는 가서 나와 백성과 온 유다를 위하여 이 발견한 책의 말씀에 대하여 여호와께 물으라 우리 조상들이 이 책의 말씀을 듣지 아니하며 이 책에 우리를 위하여 기록된 모든 것을 행하지 아니하였으므로 여호와께서 우리에게 내리신 진노가 크도다 왕하 22:13

요시야 왕은 이 일이 자기 조상들의 잘못으로 인한 것임을 인식하고 있었다. 실제로 요시야 왕의 할아버지였던 므낫세 왕은 아주 악한 왕이었다. 그런데 요시야 왕은 "우리 조상 때문에 이렇게 되었다"라고 하지 않고, 자신의 옷을 찢으며 회개의 자리로 나아갔다. 이것이 중요하다.

부흥, 오늘을 사는 힘

앞에서 말했던 윤동주 시인은 감수성이 예민했다. 그리고 어려운 시대에 '시가 이렇게 쉽게 쓰여지는 것'조차 부끄러워할 정도로 스스로를 자책하던 시인이었다. 그런 윤동주 시인이었지만 누구를 탓하거나 원망하는 모습은 없었다. 윤동주 시인을 겪어본 사람들은 모두 남을 탓하거나 욕하지 않았던 윤동주 시인의 성품을 배워야 한다고 이구동성으로 말한다. 정병욱 교수는 윤동주 시인의 대학 후배이다. 그가 쓴 〈잊지 못할 윤동주의 일들〉이란 글에 보면 이런 내용이 나온다.

"그의 성격 중에서 본받을 점이 많이 있지만 그중에서도 가장 본받아야 할 것의 하나는 결코 남을 헐뜯는 말을 입 밖에 내지 않는 점이다."

그리고 어느 기자의 글에서 이런 내용도 발견했다.

"누가 윤동주만큼 비통한 삶을 살았는가. 그럼에도 그에겐 원한 사무친 독한 말이 없다. 다만 언어를 대함에 있어 치열하게 사색하면서도 부끄러워했을 뿐이다."

교회가 침체에 빠질수록 남 탓 하는 비난이 난무하기 쉬운데, 이런 때일수록 크리스천 윤동주 시인이 보여준 성숙한 모습을 본받아야 한다.

남의 옷이 아니라 내 옷을 찢자

부끄러운 고백을 하나 하겠다. 몇 년 전까지만 해도 대형교회나 목회자에 대한 이런저런 이야기를 들을 때마다 속으로 '나는 저런 부류와 달라. 대형교회 목사라고 다 같은가? 난 그런 사람이 아냐'라는 식의 생각이 있었다.

그러던 어느 날 뼈아프게 자각한 게 있다. 주님의 관점에서는 손가락질 받는 그 목사님보다 나 같은 부류의 사람들이 더 악할 수 있다는 생각을 하게 되었다. 하나님은 교만을 싫어하시기 때문이다. 나는 다르고, 우리 교회는 다르다는 생각, 하나님 보시기에는 이런 태도가 악한 것임을 자각해야 한다.

우리의 가정을 돌아보자. 우리 아이들이 어쩌다 이렇게 세상적인 아이가 되어버렸는가? 장로님 아들, 권사님 딸인데 어쩌다 신앙은 하나도 없는 세상적인 아이가 되어버렸는가? 이런 문제는 분석하면 안 된다. 분석해서 나오는 답이 뻔하기 때문이다.

'이게 다 가정을 돌보지 않는 남편 때문이야.'

'이게 다 아이들 가정교육을 제대로 못 시킨 아내 때문이야.'

부흥, 오늘을 사는 힘

죄성을 가진 우리는 책임을 남에게 돌리기 좋아하는 습성이 있다. 그러니 분석하지 말자. 조상 탓으로 돌리는 것이 아니라 자신이 회개의 자리로 나아갔던 요시야 왕처럼 우리도 회개의 자리로 나아가자.

"우리 가정에 일어난 가슴 아픈 일들은 다 부족한 저로 인해 생긴 일입니다. 주님의 은혜를 구합니다. 우리 가정의 부흥을 위해 저를 변화시켜주옵소서"라며 겸손히 기도해야 한다.

자신의 옷을 찢어야 한다. 배우자의 옷을 찢어야 한다며 상대방을 잡지 말자. 내 옷을 찢어야 한다. 이것을 자각하는 것, 여기에서부터 부흥이 시작된다.

부끄러움을 가지고 하나님께로 나아가자

부흥을 위한 두 번째 전제 조건이 있다. 부끄러움을 자각했으면 그것을 하나님께로 가져가야 한다는 것이다.

요시야 왕에게서 배울 귀한 점이 이것이다. 그는 부끄러움을 자각하고 자기 옷을 찢은 다음, 곧 이런 명령을 내린다.

> 너희는 가서 나와 백성과 온 유다를 위하여 이 발견한 책의 말씀에 대하여 여호와께 물으라 왕하 22:13

그는 율법책이 발견된 사건을 정치적으로 이용하려 하지 않고 그 문제를 가지고 하나님께로 갔다.

사도행전에 보면 "마음에 찔려"라는 구절이 2장과 7장에 똑같은 형태로 등장한다. 2장을 먼저 보자.

그들이 이 말을 듣고 마음에 찔려 베드로와 다른 사도들에게 물어 이르되 형제들아 우리가 어찌할꼬 하거늘 행 2:37

그들의 질문에 대한 베드로의 대답을 보라.

베드로가 이르되 너희가 회개하여 각각 예수 그리스도의 이름으로 세례를 받고 죄 사함을 받으라 그리하면 성령의 선물을 받으리니 행 2:38

말씀을 듣고 사람들이 마음에 찔려 하자 베드로가 충고하기를 "그 찔리는 마음을 가지고 주님 앞으로 나아가라"고 한다. 베드로는 왜 이렇게 충고했을까?

사도행전 7장과 비교하여 그 이유를 찾아보자.

그들이 이 말을 듣고 마음에 찔려 그를 향하여 이를 갈거늘 행 7:54

부흥, 오늘을 사는 힘

2장과 똑같은 감정이 여기서도 일어나고 있다.

"마음에 찔려."

그런데 그에 대한 반응은 다르다. 그들은 마음에 찔려 이를 갈았다. 그 '마음에 찔려 이를 가는 마음'을 주님 앞으로 가져가서 교정받지 못하고 방치해 둔 결과가 무엇이었는가? 스데반을 돌로 쳐 죽이는 포악한 사건으로 연결됐다.

사도행전 2장에서 '마음에 찔려 우리가 어찌할꼬' 물었던 사람들은 베드로의 충고를 받아 그 문제를 가지고 하나님 앞으로 나아갔다. 그 결과 초대교회 부흥운동의 단초를 제공하는 사건이 되었다.

오늘날도 이런 일이 다반사로 일어난다. 마음의 찔림을 받았을 때 그 문제를 하나님 앞으로 가져가지 않으면 더 나빠진다. 안으로는 열등감과 피해의식에 빠지게 되고, 바깥으로는 누군가를 향해 분노와 울분을 터트리게 된다.

따라서 우리가 부끄러움을 자각하는 것이, 그저 내 양심이 흔들리는 것이 최종 목적지가 되어버리면 큰일 난다. 마음의 찔림은 하나님 앞으로 나아가는 통로가 되어야 한다. 지금 당신의 마음에 찔림이 있는가? 부끄러움이 자각되는가? 그렇다면 그 문제를 양심에 맡기지 말고 십자가를 지신 예수 그리스도에게로 가져가길 바란다.

왜 그래야 하는지, 그 이유는 히브리서 12장 2절에 담겨 있다.

믿음의 주요 또 온전하게 하시는 이인 예수를 바라보자

그는 그 앞에 있는 기쁨을 위하여 십자가를 참으사

부끄러움을 개의치 아니하시더니

하나님 보좌 우편에 앉으셨느니라 히 12:2

히브리서 기자는 예수님의 십자가 사건을 우리의 부끄러움을 대신 담당하신 사건으로 설명한다. 얼굴을 들 수 없을 만큼 부끄러운 내가 어떻게 설교를 하러 성도들 앞에 설 수 있는지 아는가? 나를 대신해 부끄러운 자리로 가신 예수 그리스도의 십자가 앞에 내 부끄러움을 가져가기 때문이다.

아직, 늦지 않았다

얼마 전 금요일 저녁에 십대 청소년들과 청년들이 많이 모이는 번화가에 나갈 일이 있었다. 평소에 다니던 데가 아니라 잘 몰랐는데, 네온사인이 현란해서 정신이 하나도 없는 그 거리로 청소년들이 막 쏟아져 나왔다. 내 눈에는 열네 살, 열다섯 살 정도밖에 안 보이는 병아리 같은 아이들이 화장을 얼마나 진하게 했는지 모른다. 그리고 요즘 학생들 교복을 보면 짧은 치마 경연대회를 하는 것 같다. 게다가 그렇게 많은 사람들이 왕래하는 거리에서 어린 남녀가 들러

부흥, 오늘을 사는 힘

붙어 있는 모습도 보였다. 순간 내가 지금 뉴욕에 있는 건지 한국에 있는 건지, 여기가 어디인지 혼동이 일었다. 지금 우리나라 아이들이 이렇게 변했다.

왜 이렇게 되었는가? 어쩌다가 우리나라 청소년들의 가치관이 이렇게 변해가고 있는가? 궁금하다면 당장 영화관으로 가보라. 가서 15세 관람가 영화를 찾아보라. 15세 관람가 영화 중에 실제로 열다섯 살짜리 어린 청소년들이 볼 만큼 순수한 영화는 거의 없다. 낯 뜨거워 얼굴을 돌릴 수밖에 없는 선정적인 장면이 많이 나와도, 혹은 상상을 초월할 정도로 폭력적인 장면이 담겨 있어도 15세 관람가인 영화가 많다. 이런 선정적인 분위기가 어디 영화뿐이겠는가? 이처럼 어릴 때부터 자극적인 분위기에서 자라다 보니 우리나라 청소년들도 유럽이나 미국의 청소년들 못지않게 선정적인 세상 가치관에 물들어가고 있는 것이다.

그 금요일 저녁, 내가 목사라는 것이 부끄러웠다. 그 아이들을 비롯하여 혼미한 이 시대의 사람들을 제대로 인도하지 못하는 무능한 나 자신이 한없이 부끄러웠다. 교회들이 정신 차리지 못하고 부끄러운 자리에 빠져 있을 때, 사탄은 우리 아이들의 영혼을 빼앗고 있었다. 목회자라고 하면서 세상에 아무런 영향력도 행사하지 못하는 나 자신이 말할 수 없이 부끄럽다.

오늘날 우리 부모들이 무엇을 부끄러워해야 하는가? 자녀들에게 용돈을 못 줘서 부끄러운 게 아니고, 값비싼 옷을 사주지 못해서 부끄러운 게 아니다. 올바른 가치관 교육과 그것을 가능하게 하는 신앙 교육을 제대로 시키지 못해 믿는 가정에서 자란 내 아들이, 내 딸이 믿음의 영향을 받지 않고 타락한 세상의 가치관의 영향을 받고 사는 것을 부끄러워해야 한다.

우리 자녀들의 신앙의 회복은 부모들이 이런 부끄러움을 자각하는 것에서부터 시작된다. 그리고 그 부끄러움을 자각하는 것에서 끝나지 않고, 우리 대신 부끄러움을 모두 당하신 주님의 십자가 앞으로 가져가는 것에서부터 치유와 회복이 시작된다.

지금이라도 정신 차리자. 부모인 우리가 부끄러움을 회복하고 하나님 앞으로 나아와 은혜를 구하자.

아직, 희망이 있다.

부흥, 오늘을 사는 힘

#
사람의 내면에 어떤 **씨앗**이 심겨져
어떻게 자라고 있는지가 매우 중요하다.
이것이. 그 사람의. 인생을. 결정하기. 때문이다.

다행히 아직까지는 결정적인 **실수**를 한 적이 없고
사고를 친 적이 없다 할지라도,

지금 내 안에 **어떤 씨앗**이 심겨져 자라고 있는지
민감하게 들여다봐야 한다.

내 안에 무엇이 자라고 있는가 하는 것이
내. 인생의. 반응을. 만들어낸다!

하나님은 위대한 종이 아니라
마음을 다해 진실하게
하나님만을. 사랑하는. 종을. 기뻐하신다.
이 하나님의 마음을 깨닫는 것이
부흥의 기반이 된다!

... 5

내 안에 심겨진 씨앗

요시야가 또 유다 땅과 예루살렘에 보이는

신접한 자와 점쟁이와 드라빔과 우상과

모든 가증한 것을 다 제거하였으니 이는 대제사장 힐기야가

여호와의 성전에서 발견한 책에 기록된 율법의 말씀을 이루려 함이라

요시야와 같이 마음을 다하며 뜻을 다하며 힘을 다하여

모세의 모든 율법을 따라 여호와께로 돌이킨 왕은

요시야 전에도 없었고 후에도 그와 같은 자가 없었더라

이미 씨앗이 뿌려졌다

앞에서 살펴본 것처럼 요시야 왕은 구약에서 가장 강력한 부흥운동
을 주도했던 인물이다. 요시야 왕은 성전을 수리하다가 우연히 발
견된 율법책을 통해 그동안 하나님의 말씀에 소홀했던 현실을 자각
하고 옷을 찢으며 회개할 정도로 큰 부끄러움을 느꼈다. 더 중요한
것은 그 부끄러움을 강력한 부흥운동으로 연결했다는 점이다.

　왕들은 사실 정치가다. 그러니 어지간한 사람 같으면 이런 사건
을 정치적으로 활용하거나 자신의 치적을 내세우는 데 급급했을 텐
데, 요시야 왕은 그렇지 않았다. 오히려 진정한 회개운동, 진정한
부흥운동으로 그 에너지를 사용했다. 요시야 왕은 어떻게 이렇게
영적인 민감함을 보여줄 수 있었는가?

　이런 질문을 가지고 본문을 보니, 요시야 왕의 배경이 눈에 들어

부흥, 오늘을 사는 힘

왔다. 요시야 왕은 불행한 가정에서 태어났다. 요시야 왕의 할아버지인 므낫세 왕은 악한 왕 중의 악한 왕이었다. 므낫세는 그의 아버지인 히스기야 왕이 제거했던 우상의 산당들을 다시 세우고 바알을 위한 제단을 쌓는 악을 저질렀다.

이런 모습은 요시야의 아버지 아몬도 마찬가지이다. 그도 므낫세와 똑같이 하나님 보시기에 악을 저지른 왕이었다. 그러다가 집권 2년 만에 개혁 세력에 의해 살해당했다. 이런 비극적인 가족사를 배경으로 8세라는 어린 나이에 왕으로 등극한 사람이 요시야였다.

그러니 어린 나이에 얼마나 불안하고 두려웠겠는가? 더군다나 할아버지나 아버지가 다 악한 왕들이었으니 제대로 된 신앙 교육이 이루어졌겠는가? 아마도 왕으로 등극한 초기에는 한참 동안 혼미하고 불안한 상태로 헤매었을 것이다. 그랬던 요시야 왕이 16세 되던 해에 인생의 대전환을 맞는다. 왕으로 등극한 지 8년 되던 해의 일이다.

아직도 어렸을 때 곧 왕위에 있은 지 팔 년에 그의 조상 다윗의 하나님을 비로소 찾고 대하 34:3

이런 영적 자각이 일어난 요시야 왕에 대해 성경은 어떻게 평가하는지 보자.

이런 표현들은 하나님 보시기에 좋았던 구약의 왕들에게 전형적으로 사용되었는데, 16세의 요시야 왕에게도 적용되었다. 이것이 무엇을 말하는가? 요시야 왕이 일으킨 종교개혁의 씨앗은 우연히 율법책을 발견했던 그 시점이 아니라 자기 조상 다윗의 하나님을 찾았던 16세 때부터 자라기 시작했다는 것이다. 다시 말해, 이미 그의 내면에 하나님을 향한 선한 마음이 씨앗처럼 자라고 있다 보니, 성전 수리하다 율법책을 발견했다는 보고를 가볍게 넘기지 않고 옷을 찢으며 회개하는 민감한 태도를 가질 수 있었던 것이다.

어떤 씨앗이 뿌려졌는가?

사람의 내면에 어떤 씨앗이 심겨져 어떻게 자라고 있는가 하는 것은 매우 중요하다. 이것이 그 사람의 인생을 결정하기 때문이다.

예를 들어 목회자가 교회 여성도와 성적으로 불미스러운 자리에 빠졌다고 하자. 이런 일은 그 목회자가 순간적으로 정신이 이상해져서 일어난 것이 아니다. 드러나지 않았을 뿐이지 오래전부터 그 내면에서 하나님 보시기에 부끄러운 싹이 자라고 있었는데, 방치했

부흥, 오늘을 사는 힘

기 때문이다. 그 좋은 사례가 다윗이다.

다윗은 우연히 목욕하는 여자를 보았다. 그리고 그녀가 유부녀임을 알고도 성적인 죄를 지었다. 다윗이 전날 밤에 먹은 술이 덜 깨서 이런 죄를 지은 것이 아니다. 아마도 사람들이 모두 다윗을 칭송하며 떠받들자 그 안에서 교만이 싹트고 있지 않았을까? 그 교만이 오랜 시간 하나님을 의지하고 의뢰했던 마음을 희석시킨 것이다. 그러다 보니 그 내면에 잠복되어 있던 악한 씨앗이 자라서 다윗으로 하여금 그런 천인공노할 짓을 저지르는 열매로 나타나게 된 것이다.

우리는 이것을 두려워해야 한다. 다행히 아직까지는 결정적인 실수를 한 적이 없고 사고를 친 적이 없다고 할지라도, 지금 내 안에서 어떤 씨앗이 심겨져 자라고 있는지 민감하게 들여다봐야 한다.

내면세계를 관리하는 것이 얼마나 중요한지 모른다. "똑같은 이슬이지만 그것을 뱀이 먹으면 독을 만들어 내고, 벌이 먹으면 꿀을 만들어낸다"는 말이 있지 않은가? 똑같은 상황에서 똑같은 말씀을 듣고 똑같은 본문으로 큐티를 하더라도, 그 말씀을 받아들이는 자세는 사람마다 천차만별이다. 내 안에 무엇이 자라고 있는가 하는 것이 내 인생의 반응을 만들어낸다.

진정으로 부흥을 원하는가? 진정으로 가정이 살아나길 원하는가? 그렇다면 우리의 내면세계를 하나님 앞으로 되돌리는 일을 더

미뤄서는 안 된다.

요시야 왕이 율법책을 우연히 발견한 사건을 그토록 놀라운 부흥운동으로 연결할 수 있었던 것은 이미 그 내면에 16세 때부터 여호와 하나님을 찾았던 영적 민감함이 있었기 때문이다.

요시야 왕이 가진 하나님을 사랑하는 마음이 그에게 개혁운동의 물꼬를 트게 만들었고, 그는 많은 부분을 개혁했다. 강력한 우상 타파 운동을 벌인 그는 성전 청결에 대한 열망을 가지게 되었고, 말씀 회복운동을 벌였으며, 유월절 절기의 회복을 꿈꿨다.

이러한 요시야 왕의 부흥운동을 기록하고 있는 열왕기하 22,23 장과 역대하 34,35장의 말씀을 통해 요시야 왕의 부흥운동에 나타나는 몇 가지 특징을 살펴보자.

마음이 담긴 신앙생활의 회복

첫째, 그는 마음이 담긴 신앙생활의 회복을 갈망했다.

왕이 뭇 백성에게 명령하여 이르되 이 언약 책에 기록된 대로 너희의 하나님 여호와를 위하여 유월절을 지키라 하매 사사가 이스라엘을 다스리던 시대부터 이스라엘 여러 왕의 시대와 유다 여러 왕의 시대에 이렇게 유월절을 지킨 일이 없었더니 왕하 23:21,22

부흥, 오늘을 사는 힘

요시야 왕이 유월절 절기의 회복을 명하는 대목인데, 이 구절에서 흥미로운 것은 "이스라엘 여러 왕의 시대와 유다 여러 왕의 시대에 이렇게 유월절을 지킨 일이 없었더니"라는 평가이다. 아마 역대 왕들이 이 기록을 읽었다면 굉장히 억울해했을 것이다. 유월절을 폐지한 왕은 없었기 때문이다. 자기들 나름대로는 열심히 유월절을 지켰다. 그런데 왜 성경은 '이렇게 유월절을 지킨 일이 없었다'고 기록하고 있는가? 이 문제의 답을 찾기 위해 요한복음으로 가보자.

예수께서 산에 오르사 제자들과 함께 거기 앉으시니 마침 유대인의 명절인 유월절이 가까운지라 요 6:3,4

요한복음의 다른 곳에서도 이와 비슷한 표현을 찾아볼 수 있다.

유대인의 유월절이 가까운지라 요 2:13

두 구절에서 우리는 '유대인의 명절인 유월절', '유대인의 유월절' 이라는 표현을 반복해서 보게 된다. 유월절의 주인은 하나님이시다. 유월절을 명하신 분도 하나님이시다. 유월절은 여호와 하나님의 유월절이다.

너희는 그것을 이렇게 먹을지니 허리에 띠를 띠고 발에 신을 신고 손에 지팡이를 잡고 급히 먹으라 이것이 여호와의 유월절이니라 출 12:11

그런데 왜 요한복음에서는 '유대인의 유월절'이라고 표현한 것인가? 이것은 당시 유대인들이 타락함으로 하나님의 말씀대로 유월절을 지킨 것이 아니라 자기들 멋대로, 자기들이 내키는 대로 유월절을 지켰기 때문이다.

사실 '유월절을 지키라'는 하나님의 말씀에는 출애굽의 기쁨과 감격을 기억하며 누리라는 의미가 담겨 있다. 종살이하던 우리를 하나님이 어떤 은혜로 구원하셨는지, 어떻게 홍해를 건너 애굽의 압제로부터 자유를 누리게 되었는지 기억하며 하나님의 택한 백성으로서의 정체성을 기뻐하고 감격하며 지켜야 하는 게 유월절이다.

그런데 불행하게도 그런 정신은 하나도 안 지켜지고 그저 하라니까 하는 식의 형식적인 유월절만 지켜온 것이다. 이것이 '이렇게 유월절을 지킨 일이 없었다'라는 가슴 아픈 평가를 받게 된 원인이다.

진짜 예배드리고 있는가?

이 대목을 묵상하는데 마음이 아팠다. 오늘날 우리가 드리는 예배를 하나님은 어떻게 평가하실까? 만약에 '나는 매 주일 빼먹지 않고

 부흥, 오늘을 사는 힘

예배드린다. 오늘도 교회에 가서 예배 잘 드리고 왔다'라고 생각하고 있는데, 하나님이 "너 오늘 예배 안 드렸다"라고 말씀하신다면 얼마나 당황스럽겠는가? 이런 차원에서 우리는 우리가 드리는 예배에 대해 깊이 고민하며 점검해봐야 한다.

지금 우리가 드리고 있는 예배는 우리의 예배인가, 하나님의 예배인가? 지금 우리가 지키고 있는 주일은 우리의 주일인가, 하나님의 주일인가?

예배는 콘서트가 아니다. '저 목사가 얼마나 설교를 잘하나 보자' 하는 마음으로 설교대회 심사위원으로 참석하는 것은 더더욱 아니다. 우리가 드리는 예배가 '우리의' 예배가 되어서는 안 된다. 여호와 하나님께 드리는 '하나님의' 예배가 되어야 한다.

예배는 내 감정을 채우기 위한 것이 아니다. '아내와 싸우고 답답해서 교회에 왔는데, 오늘 설교가 내 마음을 좀 풀어주겠지'라는 생각으로 교회에 온 것은 이해할 수 있다. 그것 가지고 뭐라고 할 수는 없다. 하지만 그것만이 유일한 목적이라면 그것은 예배가 아니다. 내 만족, 내 무엇을 채워주기 위해 찾는 것이 예배가 아니기 때문이다.

예배의 주인은 하나님이시다. 내 상황이나 감정이 어떠하든지, 우울하거나 유쾌하거나 상관없이 하나님께 드려지는 게 예배이다.

요즘 많은 성도들이 예배 시간에 성경책을 가지고 나오지 않는다. 성경책을 찾지 않더라도 대부분의 교회에서 스크린에 성경구절을 띄우기 때문일 것이다. 그러나 그것은 결코 바람직한 현상이 아니다. 교회에서 스크린에 말씀을 띄우는 것은 예수 믿은 지 얼마 안 되는 초신자들이나 피치 못할 사정이 있어서 성경책을 가지고 나오지 못하는 분들의 편의를 위해서라고 생각해야 한다. '성경책 가지고 다니기' 캠페인이라도 펼치고 싶다.

옷차림도 마찬가지다. 예배드리러 교회 가는 모습을 동네 사람이 본다면 동네 슈퍼에 라면을 사러 가는 것인지, 예배드리러 교회에 가는 것인지 알 수 없는 차림으로 교회에 오는 사람들이 있다. 자유로운 것도 좋지만, 옷차림에도 하나님 앞에 예배드리러 간다는 마음이 담겨 있어야 하지 않겠는가? 하나님은 정성껏 드리는 예배를 원하신다. 관성에 의해 습관적으로 드리는 예배, 마음이 담겨 있지 않은 예배를 기뻐하지 않으신다.

예배와 관련하여 감동적인 이야기를 들은 적이 있다. 우리 교회의 고등부 교사 중에 아직 결혼을 하지 않은 자매가 있다. 가족 중에 아무도 믿는 사람이 없어서 혼자 교회에 다닌다. 그런데 하나님이 이 자매에게 '비록 혼자일지라도 가정예배를 드려야겠다'는 마음의 감동을 주셨다.

자매는 곧 거실에 혼자 앉아서 성경책을 펴고 혼자 말씀 보고 기도하고 찬양을 드리기 시작했다. 자매는 "하나님, 우리 가정에 주님의 은혜가 머물기를 원합니다"라고 눈물로 기도했다.

인간적으로 보면 혼자 드리는 예배가 서글퍼 보이겠지만, 예배의 주인 되시는 하나님이 보시기에는 그 예배가 얼마나 아름답겠는가? 가정을 지키기 위해 홀로 드리는 그 가정예배를 어떤 화려한 예배보다도 아름답게 받아주셨을 것 같다.

요시야 왕의 개혁운동과 부흥운동을 하나님께서 기뻐하신 것은 그 속에 하나님을 향한 정성과 진실한 마음이 담겨 있었기 때문이다. 하나님께서는 그런 요시야 왕에 대해 어떻게 말씀하시는가?

요시야와 같이 마음을 다하며 뜻을 다하며 힘을 다하여 모세의 모든 율법을 따라 여호와께로 돌이킨 왕은 요시야 전에도 없었고 후에도 그와 같은 자가 없었더라 왕하 23:25

나도 하나님께 이런 평가를 받고 싶다. 하나님은 큰 교회 세운 목회자를 기뻐하시는 것이 아니라 요시야 왕처럼 마음을 다해 진실하게 하나님만을 사랑하는 종을 기뻐하신다. 이 하나님의 마음을 깨닫는 것이 부흥의 기반이 된다.

근원적인 문제를 제거하라

둘째, 요시야 왕의 부흥운동은 근원적인 문제를 제거하려고 몸부림 쳤던 운동이다. 요시야 왕은 율법을 발견한 것보다 그 말씀대로 살 아내고 지키는 것이 중요함을 선포한다.

> 왕이 단 위에 서서 여호와 앞에서 언약을 세우되 마음을 다하고 뜻을 다하여 여호와께 순종하고 그의 계명과 법도와 율례를 지켜 이 책에 기록된 이 언약의 말씀을 이루게 하리라 하매 백성이 다 그 언약을 따 르기로 하니라 왕하 23:3

이 말씀은 이런 뜻이다.

"성전을 공사하다가 율법책을 발견한 것이 중요한 게 아니다. 그 율법의 정신을 회복하는 것, 율법의 정신을 지키는 것이 중요하다."

참으로 귀한 선포다. 그런데 선포만 하고 끝나면 일회성 이벤트 로 흐르기 쉽다. 요시야 왕은 이 선포 후에 그것이 가능하도록 근원 적인 문제를 제거한다. 우상을 타파한 것이다.

"이 언약의 말씀을 이루게 하리라"라는 3절의 선포 후에 이어지는 4-20절은 요시야 왕이 어떻게 우상 타파 운동을 벌였는가에 대해 자세히 기록되어 있다. 요시야 왕은 '우상 타파'라는 근원적인 문제 를 해결하지 않고는 하나님을 사랑할 수 없다는 것을 인식했다. 정

부흥, 오늘을 사는 힘

말 귀한 마음 아닌가?

이에 대해 다루는 구절 중에서 24절을 보자.

요시야가 또 유다 땅과 예루살렘에 보이는 신접한 자와 점쟁이와 드라빔과 우상과 모든 가증한 것을 다 제거하였으니 왕하 23:24

이 말씀을 묵상하는데, 요시야 왕이 제거하고자 애썼던 우상 중에 유독 '드라빔'에 눈길이 갔다. '드라빔'은 당시 사람들이 가정 수호신으로 섬기던 우상으로 크기도 작았다. 이스라엘 사람들은 외출을 할 때도 드라빔을 가지고 나갔다. 이스라엘 백성들은 왜 드라빔을 지니고 다녔을까? 어디를 가든지 드라빔이 필요하다고 인식했기 때문이다.

우리 시대의 드라빔은 무엇일까? 오늘날 실제로 드라빔을 집에 두고 있거나 지니고 다니는 사람은 아무도 없을 것이다. 하지만 하나님보다 더 의지하는 모든 것, 이것이 다 드라빔이다.

목회자인 나 자신을 돌아보아도 내게도 드라빔이 있다는 것을 발견한다. 하나만이 아니다. 순간순간, 하나님보다 더 의지하는 것들을 발견할 때마다 나 자신에게 놀란다. 하나님보다 더 의지하는 드라빔을 갖고 있는데 어떻게 하나님 말씀을 회복하겠는가?

요시야 왕이 추구했던 부흥운동은 근원적인 문제를 제거하는 것이었다. 우리에게도 하나님보다 더 사랑하는 그 무엇이 있다면, 하나님보다 더 의지하는 그 무엇이 있다면, 그것을 제거하지 않고는 하나님을 사랑할 수 없다.

이 시대가 필요로 하는 부흥은 이벤트 같은 대형 집회를 통해 일어나는 것이 아니라 우리 마음속에 은밀히 숨겨둔 '드라빔'을 제거하는 것에서 시작된다는 것을 기억해야 한다.

하나님 중심, 말씀 중심의 부흥운동

셋째, 요시야 왕의 부흥운동은 하나님 중심, 말씀 중심의 부흥운동이었다고 요약할 수 있다. 이러한 요시야 왕의 정신을 요약해놓은 성경구절이 있다.

> 왕이 뭇 백성에게 명령하여 이르되 이 언약책에 기록된 대로 너희의 하나님 여호와를 위하여 유월절을 지키라 하매 왕하 23:21

여기 나오는 '언약책에 기록된 대로'가 '말씀 중심'의 요시야 왕의 중심을 드러낸 것이라면, '하나님 여호와를 위하여'는 요시야 왕의 '하나님 중심'의 삶의 태도를 드러내는 것이다.

이런 요시야 왕의 중심은 열왕기하 23장 3절에서도 드러난다.

부흥, 오늘을 사는 힘

왕이 단 위에 서서 여호와 앞에서 언약을 세우되 마음을 다하고 뜻을 다하여 여호와께 순종하고 왕하 23:3

요시야 왕이 단행한 개혁운동에는 '하나님 중심, 말씀 중심'이라는 그의 정신이 철저하게 배어 있었다. 부흥은 다른 것이 아니다. 내 멋대로, 내 마음이 내키는 대로 살던 내가 살아 계신 하나님을 만나고, 그 하나님이 원하시고 기뻐하시는 것이 무엇인지 민감하게 귀 기울이는 순종의 삶으로 변화되는 것이 부흥이다.

그의 계명과 법도와 율례를 지켜 이 책에 기록된 이 언약의 말씀을 이루게 하리라 하매 왕하 23:3

뿐만 아니라 말씀 중심의 삶을 사는 것이 부흥이다. 요시야 왕의 근본정신은 종교개혁가들이 중세에 단행했던 종교개혁의 근본정신과 같다. 종교개혁가들의 정신은 '오직 믿음', '오직 성경', '오직 은혜' 세 가지로 요약할 수 있다.

'오직 믿음'은 무엇인가? 우리가 하나님께 의롭다 함을 입을 수 있었던 것은 내 공로도 아니고, 내 선행도 아니며, 오직 믿음으로만 이루어진다는 것이다.

'오직 성경'은 '내 이성이나 경험은 항상 타락하고 부패했기 때문에 믿을 수 있는 게 못 된다. 그렇기 때문에 내 경험을 의지하는 것이 아니라 하나님이 우리에게 주신 계시의 말씀인 성경을 삶의 표준으로 삼겠다'는 것이다. 체험이 신앙생활에 유익할 때가 있다. 분명 체험은 하나님이 나를 사랑하고 계시단 것을 확신하는 데 도움이 된다. 하지만 체험을 지나치게 의지하면 위험하다. 우리가 얼마나 부패한 인간인지를 간과해서는 안 된다. 체험이 많으면 많을수록 '오직 성경'의 신앙으로, 하나님 말씀만을 내 인생의 지침으로 삼아야 한다.

마지막으로, '오직 은혜'는 무엇인가? 내 행위로서가 아니라, 자격 없는 자에게 주시는 하나님의 은혜로만 구원 받을 수 있다는 것이다. 그래서 신앙이 깊을수록 겸손해지지 않을 수 없다. 엄청난 체험을 하고, 믿음도 좋다고 하고, 성경도 많이 읽고, 새벽기도에 빠지지 않고, 헌금을 많이 한다고 해도, 자기가 제일 잘하고 있다는 교만에 빠져 있다면 그는 믿음의 사람이 아니다. 믿음이 자라면 자랄수록 나는 아무것도 아니며, 하나님이 없으면 그저 부패하고 초라한 인간에 불과하다는 것을 더욱 깨닫게 된다. 우리는 이 세 가지를 마음에 새겨야 한다.

오직 믿음으로, 오직 성경으로, 오직 은혜로!

부흥, 오늘을 사는 힘

새로운 종교개혁을 꿈꾸며

2017년이면 종교개혁 500주년이 된다. 나는 꿈꾼다. 종교개혁 500주년을 기념해 우리 교회와 한국 교회에 부흥운동이 일어나길, 새로운 개혁운동이 일어나게 되길 바란다. 모든 성도들이 '오직 믿음', '오직 성경', '오직 은혜'의 정신을 회복하게 되기를 간절히 갈망하고 바라고 꿈꾸고 있다.

부흥에 대해 계속해서 묵상하고, 자료를 찾고, 연구하는데 어느 날 새벽, 문득 어린 시절의 모습이 떠올랐다. 나는 비교적 엄격한 신앙 환경을 지키는 고신교단에서 자랐다. 시간이 흐를수록 말씀을 소중히 여기고 사랑하는 분위기 속에서 자랄 수 있었던 것이 정말 감사하다.

고신교단에는 중고등학생과 대학생들이 모이는 'SFC(Student For Christ)'라는 학생신앙운동 단체가 있는데, 중학교에 들어가니 SFC 강령을 외워야 했다. 이것을 외우지 않으면 수련회에서 밥을 안 주었다. 그래서 꾸역꾸역 외웠다.

그 강령의 내용은 이렇다.

1. 우리는 전통적 웨스트민스터 신앙 고백서 및 대·소 교리 문답을 우리의 신조로 한다.
2. 우리는 개혁주의 신앙의 생활을 확립하여 세상의 빛과 소금이 됨을

우리의 목적으로 한다.

3. 우리의 사명은 다음과 같다.

- 개혁주의 신앙의 대한교회 건설과 국가와 학원의 복음화

- 개혁주의 신앙의 세계교회 건설과 세계의 복음화

4. 우리의 생활 원리는 다음과 같다.

- 하나님 중심, 성경 중심, 교회 중심

문득 이 기억이 떠오르면서 어린 시절부터 이런 꿈을 꾸며 신앙생활 할 수 있었던 것이 너무나 감사하고 가슴 벅차게 다가왔다. 그날 새벽, 이 강령을 다시 한 번 외워보고 자료를 찾아보며 많은 생각을 했다.

'지금 우리 교회 중고등부 아이들은 이 아름다운 정신과 꿈을 가지고 신앙생활 하고 있는가? 한국 교회와 세계 교회를 세워나가는데 대한 꿈을 가지고 있는가? 그 일을 위해선 하나님 중심, 성경 중심, 교회 중심의 신앙 교육을 해야 하는데, 지금 우리는 우리 아이들을 그렇게 가르치고 있는가?'

이런 정신을 잃어가고 있는 현실 교회의 모습을 부끄러워해야 한다. 요시야 왕처럼 마음을 찢으며 하나님 앞으로 나아가야 한다.

"하나님, 저와 이 땅의 교회를 불쌍히 여겨주시기를 원합니다. 종교개혁 500주년을 앞두고 우리 교회와 한국 교회가 근거도 없는 것

부흥, 오늘을 사는 힘

을 전하는 혼미한 교회가 아니라 하나님 중심, 말씀 중심, 교회 중심의 아름다운 전통과 역사가 묻어 있는 교회가 되길 원합니다."

누가 부흥을 꿈꾸는가

부흥이 무엇인가? 부흥은 사람이 많이 모이고 교회의 규모가 커지고 행사 많이 하는 게 아니다. 죽은 것과 같은 절망적인 상황이 회복되는 것, 죽은 것이 살아나는 것, 죽은 것을 살리는 것이 부흥이다. 그 부흥의 주체는 하나님이시다. 그분의 주권을 인정하는 세계관을 회복하는 것이 중요하다.

　요시야 왕을 보라. 겉으로만 보면 그저 청소하다가 우연히 율법책을 발견한 것 같지만, 거기에는 하나님의 주권이 개입되어 있었다. 인간적인 눈으로 보면 16세였던 요시야 왕이 하나님을 찾고 발견하는 신기하고 기특한 일을 한 것 같지만, 그 배후에는 여호와 하나님이 계셨다. 이것을 믿는 믿음이 부흥이다.

　누가 부흥을 꿈꿀 수 있는가? 하나님만을 의지하는 사람, 지금까지 인도하신 하나님만을 신뢰하는 사람이 부흥을 꿈꿀 수 있다. 우리 주변을 보면 하나님을 의지하지 않는 것 같은데 일이 잘 풀리는 것 같은 사람이 있다. 그런 사람들은 '역시 내 수완이 좋아. 사업도 잘되고 아이들도 잘 크고 있잖아'라고 생각하며 자기 인생에 전혀 문제가 없다고 생각할지 모른다. 하지만 실상은 이것이 영적으로 가장 위험한 상태이다.

만일 하나님을 의지하지 않고 자기 경험으로 인생을 살다가 부작용이 생겨서 인생이 나락으로 떨어지고 모든 게 엉망진창이 된다면 그때가 기회다. 하나님의 부르심이자 부흥의 길로 돌이킬 기회를 주시는 복이다. 그 기회를 반드시 잡기 바란다.

시간이 흐를수록 나는 점점 더 하나님 앞에서 이상한 사람이 되어가는 것 같다. 신대원에 입학할 때만 해도 나는 자신만만했다. 누구를 만나도 하나님에 대해 말하는 데 거리낌이 없었다. 전도할 때도 마찬가지였다. '내 전도에 넘어가지 않으면 사람도 아니다'란 자신감이 내게 있었다. 누구와 토론해서 져본 적도 없다. 설교도 안 시켜줘서 못하지, 강단에 설 수만 있다면 은혜를 끼칠 자신이 있었다.

이렇게 충만한 자신감으로 시작한 목회의 길이었는데 어찌된 것인지 갈수록 나 자신에 대한 자신감이 사라져간다.

설교도 마찬가지이다. 보통 10년 동안 한 분야를 뚫으면 대가가 된다고들 하는데, 갈수록 나는 설교가 어렵다. 토요일이 되면 마음에 부담감이 밀려온다. 한 주 내내 힘든 세상에서 힘들게 살았을 성도들에게 '복음이 피곤한 우리의 삶을 치유하는 능력이다'라는 사실을 확인할 수 있는 말씀을 전해야 하는데, 은혜 아니고는 그 일이 불가능하단 것을 처절하게 자각한다.

나 자신에 대한 자신감 상실은 가정생활에서도 마찬가지이다. 신혼 때는 아내와 싸워서 져본 적이 없다. 그런데 지금은 아내에게 꼼짝도 못한다. 그러니 아내가 신혼 때보다 지금이 훨씬 행복하다고 하는 것 아닐까.

나는 왜 시간이 갈수록 점점 더 작아져 가는가? 나는 기도하고 또 기도한다. 나의 작아짐이 하나님의 크심을 인정하는 통로가 되게 해달라고. 나의 작아짐이 내 자아가 죽고, 내 의지가 꺾이고, 내 교만이 꺾이는 과정이 되게 해달라고.

나는 오늘도 간절히 기도한다. 고린도후서 12장 9,10절의 말씀이 내 입술의 고백이 되게 해달라고.

나에게 이르시기를 내 은혜가 네게 족하도다

이는 내 능력이 약한 데서 온전하여짐이라 하신지라

그러므로 도리어 크게 기뻐함으로

나의 여러 약한 것들에 대하여 자랑하리니

이는 그리스도의 능력이 내게 머물게 하려 함이라

그러므로 내가 그리스도를 위하여 약한 것들과

능욕과 궁핍과 박해와 곤고를 기뻐하노니

이는 내가 약한 그때에 강함이라 **고후 12:9,10**

어린 시절부터 되뇌었던 하나님 중심, 말씀 중심, 교회 중심의 정신을 회복하자. 하나님의 주권을 회복해야 할 때인 것을 자각하자. 이것만이 진정한 부흥을 위한 조건임을 기억하자. 그 부흥을 꿈꾸며 하나님의 은혜를 구하며 나아가자!

부흥, 오늘을 사는 힘

:: PART 2

돌이킴, 부흥의 시작

\#

절망적인 현실을 회복할 수 있는 유일한 **대안**은
하나님 앞에 나아와 **통곡하며 회개**하는 것뿐!

눈물 한두 방울 나는 것도 좋다.
안 울어도 된다.
가슴을. 마구. 치며. 괴로워하지. 않아도. 된다.

빨리 목적지를 지나쳤다는 것을 자각하고
반대 방향으로 유턴하라!

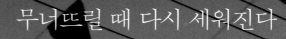

... 6

무너뜨릴 때 다시 세워진다

우리에게는 예수 그리스도의 십자가 외에
결코 자랑할 것이 없다.
그 밖의. 모든. 것들은. 다. 허물어져야 한다.

하나님 없이 잘되고 있는 모든 것이
다 허물어지지 않고는
다시. 세워지는. 일이. 없다.

내 이름으로 일컫는 내 백성이
그들의 악한 길에서 떠나
스스로 낮추고 기도하여 내 얼굴을 찾으면
내가 하늘에서 듣고 그들의 죄를 사하고
그들의 땅을 고칠지라

부흥의 높이를 결정짓는 것

회개와 부흥은 떼려야 뗄 수 없는 관계이다. 2천 년 기독교 역사를 되돌아보면 부흥운동이 일어났던 현장에는 반드시 회개의 역사가 먼저 일어났다. 우리나라에서 일어났던 평양대부흥운동도 예외가 아니다. 그렇기 때문에 부흥을 이야기할 때면 회개를 꼭 덧붙여 언급하는 경우가 많다.

미국의 아주사 부흥운동의 선구자로 알려진 프랭크 바틀맨은 이런 말을 했다.

"부흥의 높이는 회개의 깊이로 결정된다."

정말 의미 있는 말이다. 이 문장을 노트에 옮겨 적어놓고 한참을 들여다보며 묵상하고 또 묵상하고 생각하고 또 생각했다. C. S. 루이스도 비슷한 말을 했다.

"타락한 시대에는 죄 문제를 해결하려는 진지한 몸부림이 사라진다."

마틴 로이드 존스 목사님은 이런 말을 남겼다.

"우리는 자신의 죄성으로 인해 탄식해 본 일이 없고 그런 감정을 느껴 보지도 못했습니다. 우리는 너무 가볍습니다. 그것이 교회의 문제입니다."

이분들의 메시지가 남의 이야기 같지 않고 목회하는 나에게 주시는 하나님의 경고 메시지처럼 들린다.

이순신 장군을 소재로 쓴 김훈 작가의 《칼의 노래》란 소설이 있는데, 그 소설에 보면 이런 내용이 등장한다.

"내가 적을 이길 수 있는 조건들은 적에게 있을 것이고, 적이 나를 이길 수 있는 조건들은 나에게 있을 것이다."

이순신 장군의 정신을 한 마디로 축약해놓은 문장 같다. 모든 승

패는 내 안에서부터 일어난다는 것이다. 상대방이 문제가 아니란 것이다.

내가 이런 내용들을 옮겨 적기도 하면서 깊이 생각해보는 이유는, 이런 글의 핵심이 바로 성경이 우리에게 지속적으로 던져주는 메시지의 핵심이기도 하기 때문이다.

성경은 우리에게 회개하라고 끊임없이 권고한다. 내가 내 인생에서 승리하기 위해서는 외부의 환경이 문제가 아니라 나 자신의 문제가 해결되어야 하는데, 그러기 위해선 무엇보다 회개의 역사가 필요하다는 것이다.

이런 관점에서 회개를 촉구하는 말씀이 성경에 얼마나 빈번하게 등장하는지 모른다.

지극히 존귀하며 영원히 거하시며 거룩하다 이름하는 이가 이와 같이 말씀하시되 내가 높고 거룩한 곳에 있으며 또한 통회하고 마음이 겸손한 자와 함께 있나니 이는 겸손한 자의 영을 소생시키며 통회하는 자의 마음을 소생시키려 함이라 사 57:15

여호와의 말씀에 너희는 이제라도 금식하고 울며 애통하고 마음을 다하여 내게로 돌아오라 하셨나니 너희는 옷을 찢지 말고 마음을 찢고 너희 하나님 여호와께로 돌아올지어다 그는 은혜로우시며 자비로

돌이킴, 부흥의 시작

우시며 노하기를 더디하시며 인애가 크시사 뜻을 돌이켜 재앙을 내리지 아니하시나니 욜 2:12,13

왜 우리에게 회개가 절실히 필요하다고 하는가? 회개는 하나님의 진노를 잠재울 수 있는, 하나님이 주신 능력의 도구이기 때문에 그렇다. 그래서 "부흥의 높이는 회개의 깊이로 결정된다"는 프랭크 바틀맨의 말이 맞다. 하나님의 진노가 풀리지 않는데 거기서 무슨 부흥의 역사가 일어날 수 있겠는가?

너무나 절박한 이야기

본문의 말씀도 이런 맥락에서 봐야 한다.

내 이름으로 일컫는 내 백성이 그들의 악한 길에서 떠나 스스로 낮추고 기도하여 내 얼굴을 찾으면 내가 하늘에서 듣고 그들의 죄를 사하고 그들의 땅을 고칠지라 대하 7:14

우리는 먼저 이 말씀의 배경을 알아야 한다. 이 말씀의 배경은 바로 앞에 나오는 역대하 6장에 기록되어 있다. 거기서 솔로몬은 오랫동안 준비했던 성전을 드디어 완공하고 하나님께 봉헌 기도를 드린다. 꼭 시간을 내 그 기도문을 꼼꼼히 읽어보기 바란다. 정말 은혜롭다. 여기서는 지면 관계상 일부만 인용하겠다.

솔로몬은 하나님께 이런 기도를 드린다.

만일 주의 백성 이스라엘이 주께 범죄하여 적국 앞에 패하게 되므로 주의 이름을 인정하고 주께로 돌아와서 이 성전에서 주께 빌며 간구하거든 주는 하늘에서 들으시고 주의 백성 이스라엘의 죄를 사하시고 그들과 그들의 조상들에게 주신 땅으로 돌아오게 하옵소서 만일 그들이 주께 범죄함으로 말미암아 하늘이 닫히고 비가 내리지 않는 주의 벌을 받을 때에 이곳을 향하여 빌며 주의 이름을 인정하고 그들의 죄에서 떠나거든 주께서는 하늘에서 들으사 주의 종들과 주의 백성 이스라엘의 죄를 사하시고 그 마땅히 행할 선한 길을 가르쳐주시오며 주의 백성에게 기업으로 주신 주의 땅에 비를 내리시옵소서 만일 이 땅에 기근이나 전염병이 있거나 곡식이 시들거나 깜부기가 나거나 메뚜기나 황충이 나거나 적국이 와서 성읍들을 에워싸거나 무슨 재앙이나 무슨 질병이 있거나를 막론하고 한 사람이나 혹 주의 온 백성 이스라엘이 다 각각 자기의 마음에 재앙과 고통을 깨닫고 이 성전을 향하여 손을 펴고 무슨 기도나 무슨 간구를 하거든 주는 계신 곳 하늘에서 들으시며 사유하시되 각 사람의 마음을 아시오니 그의 모든 행위대로 갚으시옵소서 주만 홀로 사람의 마음을 아심이니이다 대하 6:24-30

돌이킴, 부흥의 시작

지금 솔로몬이 하나님 앞에 절박하게 드리는 간구의 내용이 무엇인가?

"하나님, 이렇게 정성껏 성전을 건축하고 하나님 앞에 봉헌해드리지만, 성전이 중요한 게 아니라 이 성전에서 눈물로 회개하는 역사가 일어날 때 하나님께서 그 기도를 들어주시기를 원합니다. 그래서 우리를 회복시켜주시기를 원합니다!"

바로 이것이다. 이 기도문을 읽을 때마다 내 마음이 울컥울컥한다. 여기서 솔로몬이 '만일, 만일, 만일'이라고 하면서 가정법으로 설명하는 그 모든 것들이 지금 우리 한국 교회에서 현실적으로 일어나고 있는 일들 아닌가?

'만일 그들이 범죄함으로 하늘이 닫히고'

'만일 이 땅에 기근이나 전염병이 있거나'

'만일 우리의 범죄함으로 악한 것들이 공격해올 때에'

우리에게 이 일들은 더 이상 '만일'이 아니다. 정말 큰일이다. 우리가 죽게 됐다. 성전을 얼마나 잘 짓느냐가 문제가 아니다. 그 성전 안에서 진실로 회개의 역사가 일어나야 한다. 이것은 우리에게 너무나 절박한 이야기이다.

유일한 대안

지난 연말부터 아동학대 문제, 자녀학대 문제가 사회적으로 크게 이슈가 되었다. 크고 작은 사건들이 보도되기 시작하더니, 급기야 자기 아이를 죽여 3년 넘게 냉장고 안에 방치해놓은 엽기적인 사건이 드러나기도 했다.

그 와중에 목사이자 신학대학 교수가 어린 딸을 죽이고 그 시신을 무려 11개월이나 방치해놓은 사건이 세상에 드러났다. 나를 포함하여 이 사건을 접한 사람들은 모두 소위 '멘붕' 상태에 빠졌다.

사실 지금까지 별의별 사건이 다 일어났지만, 그때마다 우리 내면엔 이런 생각이 있었다. '이건 세상 사람들의 일이지' 혹은 '극단적인 신비주의자나 이단들이 저지른 짓이지, 우린 그런 부류와 달라.' 그런데 이번에 보도된 이 사건은 이런 변명이 무색한 사건이었다. 그 일을 저지른 목사는 아주 건강한 교단에 소속된 목회자였다. 뿐만 아니라 독일에 유학 가서 신학박사 학위까지 딴 분이었다. 도대체 이게 무슨 일인가?

이런 면에서 이 일은 엄청난 충격으로 다가왔다. 이런 현실을 어떻게 바라보고 있는가? "목사란 사람이 어떻게 그럴 수 있지? 인간이 할 짓이야?"라면서 비난하고 손가락질만 할 문제가 아니다. 오늘을 사는 우리는 솔로몬이 가르쳐준 대로 기도해야 한다. 솔로몬이 '만일, 만일, 만일'을 붙여 기도한 내용들이 더 이상 우리 한국 교

돌이킴, 부흥의 시작

회에선 가정이 아니라 현실적인 절망으로 나타나고 있다. 그렇기 때문에 지금이야말로 누구를 탓하고 비난하기 전에 먼저 주님 앞에 우리 마음을 찢어야 한다.

나도 예전엔 그런 목사님들을 많이 비판했다. 그러면서 무의식적으로 내 안에 이런 생각이 있었다.

'나는 저 사람들과 달라.'

그러나 요즘엔 그럴 엄두가 안 난다. 이런 일들을 겪을 때마다 하나님이 늘 내 마음에 경고의 말씀을 주시기 때문이다.

'조심하지 않으면 다음은 네 차례야.'

오늘 이 시대야 말로 정말 회개운동이 필요한 때이다.

하나님께서는 솔로몬의 기도를 기쁘게 받으셨다. 하나님이 그 기도를 얼마나 기쁘게 받으셨는지 역대하 7장에 잘 나타나 있다.

밤에 여호와께서 솔로몬에게 나타나사 그에게 이르시되 내가 이미 네 기도를 듣고 이곳을 택하여 내게 제사하는 성전을 삼았으니 혹 내가 하늘을 닫고 비를 내리지 아니하거나 혹 메뚜기들에게 토산을 먹게 하거나 혹 전염병이 내 백성 가운데에 유행하게 할 때에 내 이름으로 일컫는 내 백성이 그들의 악한 길에서 떠나 스스로 낮추고 기도하여 내 얼굴을 찾으면 내가 하늘에서 듣고 그들의 죄를 사하고 그들의 땅을 고칠지라 대하 7:12-14

절망적인 현실을 회복할 수 있는 유일한 대안이 있다면, 하나님 앞에 나아와 통곡하며 회개하는 것뿐이다. 우리가 하나님 앞에 회개하며 나아갈 때, 누가 봐도 회복이 안 되는 그 상황에서 하나님이 회복의 길로 인도해주실 줄 믿는다. 그렇기에 회개는 부흥의 필수불가결의 조건이다.

세 가지 회개

성경에 보면 회개와 관련된 표현들이 많이 나오는데, 그중에서 신약성경에는 세 단어가 등장하는 것을 볼 수 있다.

첫 번째 단어는 '메타멜로마이'이다. '뉘우치다'란 뜻을 가진 이 단어는 가룟 유다와 관련이 많으며, 주로 감정적인 요소가 강조되는 단어이다.

> 그때에 예수를 판 유다가 그의 정죄됨을 보고 스스로 뉘우쳐 그 은 삼십을 대제사장들과 장로들에게 도로 갖다 주며 마 27:3

여기 나오는 '뉘우쳐'라는 단어가 '메타멜로마이'인데, 성경이 그렇게 바람직하게 생각하지 않는 회개의 모습이다.

두 번째 단어는 '메타노에오'로, 이 단어는 내적인 변화, 즉 마음

돌이킴, 부흥의 시작

을 돌이키는 생각의 변화를 강조한다.

'메타노에오'와 '메타멜로마이'가 어떤 차이가 있는가 하면, '메타멜로마이'는 '그때 그 일을 안 했어야 했는데…!' 하고 그냥 후회하는 것이다. 가룟 유다가 후회했던 것처럼 말이다. 그에 반해 '메타노에오'는 베드로가 했던 것처럼 마음을 돌이키는 것이다.

세 번째 단어는 '에피스트레포'로, 잘못된 길에서 올바른 길로 방향을 바꾸어 돌이키는 것을 말한다. '메타노에오'가 생각의 변화를 강조하는 단어라면, '에피스트레포'는 행위를 포함하는 것으로, 그 삶을 돌이키는 것을 의미한다. 그러니까 두 번째 단어와 세 번째 단어가 어우러진 게 베드로의 회개이다.

결정적 차이

우리가 오해해선 안 되는 게 하나 있다. 가룟 유다는 도저히 용서받지 못할 짓을 저질러서 망했고, 베드로는 그보다 덜 나쁜 짓을 했기 때문에 구원 받은 게 아니다. 베드로나 가룟 유다나 죄의 무게로 따지면 별반 차이가 없다. 주님 입장에서 보면 둘 다 똑같은 짓을 저질렀다. 그러나 두 사람 사이에는 결정적인 차이가 있었다. 그 행위가 얼마나 악했느냐가 아니라 회개를 했느냐의 여부가 그것이다.

만약 우리가 지금 서울에 볼일이 있어서 분당에서 출발하여 경부 고속도로를 달리고 있다고 생각해보자. 그런데 양재동 방면으로 빠져나가는 길을 놓치고도 아무 생각 없이 부산 방향으로 계속 직진 중이다.

한참을 가서야 상황을 파악한다. '어? 천안이네? 난 서울에 가야 하는데 어떡하지?' 그런데도 계속 달린다. '대전까지 왔네. 어떡하지?' 이러면서도 계속 간다. 김천, 대구를 지나 부산 톨게이트를 빠져나갈 때까지 계속 가는 것이다. 얼마나 웃긴 상황인가? 그런데 이 웃긴 모습이 바로 우리의 모습이라면 어떻겠는가?

성경을 읽어야 하는 이유는 '내가 지금 서울 쪽으로 가야 하는데, 그러려면 양재동으로 빠져야 해. 그런데 여긴 천안이네?' 하는 걸 자각하기 위해서이다. 주일에 예배에 나와 설교를 듣는 이유도 마찬가지다. 하나님이 원하시는 길을 알기 위해서, 자신이 지금 하나님의 길이 아닌 세상길로 가고 있다는 사실을 자각하기 위해서 하나님의 말씀을 보고 듣는 것이다.

실제로 예배 시간을 통해 자각하기도 한다. 어떨 때는 눈물 흘리며 뼈아프게 후회한다. 그런데 자신이 지금 서울이 아니라 부산 쪽으로 가고 있다는 걸 자각하고 울며 괴로워하면서도 계속 그 길로 가는 사람들이 많다. 울면서도 계속 간다. 이게 바로 가룟 유다가 했던 회개이다.

사도 베드로가 사도행전 3장에서 이런 설교를 했다.

그러므로 너희가 회개하고 돌이켜 너희 죄 없이 함을 받으라 이같이
하면 새롭게 되는 날이 주 앞으로부터 이를 것이요 행 3:19

여기 나오는 '회개하고 돌이켜'에서 '회개하고'는 '메타노에오'이
다. 생각의 변화를 강조한 것이다. '이렇게 하면 안 되는데'라는 걸
자각하는 것이다. 이어지는 '돌이켜'는 '에피스트레포'이다. 행위를
포함하는 회개를 하라는 말이다. 즉, 삶 속에서 실제적으로 나의 행
위와 삶을 돌이키라는 것이다. 이것이 베드로가 말하는 회개이다.
베드로는 그 자신이 먼저 이러한 회개를 경험하고, 그 회개의 능력으
로 인생이 변화되었기에 확신을 가지고 이렇게 설교할 수 있었다.

마음에 찔리는 것도 중요하고 눈물 한두 방울 흘리는 것도 좋다.
하지만 예배는 눈물 흘리면 은혜 받은 것이고 눈물 안 흘리면 은혜
가 없는, 그런 감정적인 게 아니다. 안 울어도 된다. 막 가슴 치며
괴로워하지 않아도 된다. 중요한 것은 목적지를 지나쳤다는 것을
자각하고 지금 빨리 천안 톨게이트로라도 빠져 나와서 반대 방향
으로 유턴하는 것, 그것이 중요하다.

이런 맥락에서 부흥의 전제조건으로서의 회개의 의미를 자세히
살펴보자.

먼저, 회개는 자기 자신에 대해 자각하는 것의 문제이다.

한참 어린이집 학대 문제가 사회적으로 이슈가 되었을 때 한 신문에 이런 기사가 실렸다. 서울의 한 어린이집에서 CCTV를 설치했다고 한다. 그리고 선생님들끼리 모여 자신들의 CCTV를 모니터링하면서 그 결과에 대해 설명하는 시간을 가졌다. 그런데 모니터링을 한 선생님들 모두가 충격을 받았다고 한다.

예를 들면 이런 것이다. 자기가 낮 동안 했던 행동을 CCTV로 본 한 선생님은 깜짝 놀라며 이렇게 말했다.

"평소에 생각하던 내 모습과 영상 속 내 모습이 너무 달랐어요."

또 다른 선생님은 이렇게 고백했다.

"화면 속의 나는 펜으로 책상을 탁탁 치거나 칠판을 손으로 치면서 이야기했어요. 나도 모르게 허리에 손을 얹거나 팔짱을 끼거나 뒷짐을 졌네요."

아이들 앞에서 굉장히 고압적이고 권위적인 자세를 취한다는 것을 미처 몰랐던 것이다. 심지어 어떤 선생님은 이렇게 고백했다.

"내가 유독 한 아이만 예쁘다고 안아주거나 뽀뽀해준다는 걸 깨닫고 깜짝 놀랐어요."

그런데 아이들은 다 알았는지 "선생님은 누구만 좋아해"라고 말했다고 한다. 자기만 몰랐던 것이다. 이게 인간이다.

뭐가 회개인가? 그 사실을 자각하는 게 회개이다.

죄는 남의 문제가 아니다

다윗은 다른 사람의 가정을 깨뜨린 가정파괴범이었다. 유부녀를 임신시키고 그 남편을 죽였음에도 그는 1년 가까이 그 사실을 자각하지 못했다.

'왕인데 그 정도도 못해?'

어쩌면 이렇게 생각하지 않았을까. 전혀 인식하지 못한 채 살던 다윗에게 하나님이 나단 선지자를 보내셨다. 하나님께서는 다윗이 어떤 걸 깨닫기를 바라시고 나단 선지자를 보내셨는가?

"너 스스로의 모습을 CCTV를 통해 좀 들여다봐라!"

이게 하나님의 메시지였다.

다윗이 나단 선지자를 통해 자신의 모습을 자각하고 나서 괴로워하며 쓴 시가 시편 51편이다. 여기서 다윗이 자기 자신을 어떻게 인식하고 있는지 보라.

무릇 나는 내 죄과를 아오니 내 죄가 항상 내 앞에 있나이다 시 51:3

그 당시 자기가 술 한 잔 하는 바람에 원치 않는 죄를 지었다는 변명이 아니었다. 자기 앞에 늘 죄가 있다는 고백이었다. 다시 말해 자기 존재, 즉 자기의 본질을 깨달은 것이다. 그는 심지어 이렇게 고백한다.

> 내가 죄악 중에서 출생하였음이여 어머니가 죄 중에서 나를 잉태하였나이다 시 51:5

다윗은 시편 51편의 처절한 고백 이후로 다시는 그런 악한 자리에 빠지지 않았다. 왜 그랬을까? CCTV를 통해 죄로 가득한 자신의 본질적인 모습을 본 후부터는 하나님께 살려달라고 절박하게 매달리는 삶을 살았기 때문 아닌가?

내가 문제를 일으키는 목회자들에 대해 왜 더 이상 비난을 할 수 없게 되었는가? 그것이 타락한 극소수의 목회자들에게만 일어나는 일이 아니란 사실을 경고 받았기 때문이다. 그렇기 때문에 두렵다.

죄악이라는 게 특이한 소수의 사람에게만 일어나는 일이 아니라 나에게도 있을 수 있는 일이란 걸 자각하지 못하면, 언제 어디서 넘어질지 모를 일이다. 많은 경우, 아부하고 칭찬만 해주는 사람들에 둘러싸여 이 사실을 자각하지 못하고 있다가 한방에 훅 넘어간다. 그렇기 때문에 항상 이 사실을 자각하고 회개의 자리에 서야 하는 것이다.

또 하나, 회개는 옛 자아의 파괴의 문제이다.

내가 '파괴'라는 단어를 쓴 이유가 있다. 요한복음 2장에 보면, 예수님이 성전에서 매매 행위가 이뤄지는 타락한 모습을 보고 격분하시는 장면이 나온다. 아마 예수님의 공생애 중에서 가장 격분하신 장면 중 하나일 것이다. 격분하셔서 상을 뒤집어엎으시고 채찍을 휘두르시며 이런 말씀을 하셨다.

예수께서 대답하여 이르시되 너희가 이 성전을 헐라 내가 사흘 동안에 일으키리라 요 2:19

누가복음 21장에선 이렇게 기록하고 있다.

어떤 사람들이 성전을 가리켜 그 아름다운 돌과 헌물로 꾸민 것을 말하매 예수께서 이르시되 너희 보는 이것들이 날이 이르면 돌 하나도 돌 위에 남지 않고 다 무너뜨려지리라 눅 21:5,6

내가 이 구절에서 주목하는 것은, 성전을 바라보는 당시 사람들의 시각과 예수님의 시각이 달라도 너무 다르단 것이었다. 누가복음 21장에서 보는 것처럼, 어떤 사람들은 성전을 그저 아름다운 건물로만 바라보고 있었다.

"주님, 보십시오! 정말 아름답지 않습니까? 아름다운 돌로 쌓아올린 성전이 정말 놀랍지 않습니까?"

그런데 주님의 시각은 전혀 다르셨다.

"이 성전을 헐라. 내가 사흘 동안 일으키리라. 돌 하나도 남기지 않고 다 무너져야 한다."

주님은 성전을 헐고 무너뜨려야 할 것으로 보셨다. 오늘날 우리에게도 헐어야 하는 성전이 있다.

뽑고 파괴하며 파멸하고 넘어뜨린 후에

예수님의 이 말씀을 보면서 예레미야 선지자가 떠올랐다. 하나님은 그 타락한 시대를 위해 예레미야를 선지자로 세우면서 무슨 사명을 주셨는가?

> 보라 내가 오늘 너를 여러 나라와 여러 왕국 위에 세워 네가 그것들을 뽑고 파괴하며 파멸하고 넘어뜨리며 건설하고 심게 하였느니라
>
> 렘 1:10

"뽑고 파괴하며 파멸하고 넘어뜨린" 후에 "건설하고 심게" 하시는

순서가 "너희가 이 성전을 헐라 내가 사흘 동안에 일으키리라"고 하신 주님의 말씀과 딱 맞아떨어진다.

바벨탑 사건에서 드러나는 원리도 똑같다. 인간들이 하나님 없이도 하늘에 닿는 탑을 쌓을 수 있다는 교만한 생각으로 똘똘 뭉쳐 그 탑을 올리며 자랑했다. 그러나 하나님의 시각에서 그것은 부서지고 헐어버려야 할 것이었다. 창세기 11장에서 바벨탑이 무너지고 난 다음, 12장에서 믿음의 조상 아브라함이 등장한 것은 우연이 아니다.

왜 오늘날 한국 교회 안에는 믿음의 조상 아브라함이 안 보이는가? 아직 바벨탑을 무너뜨리지 않았기 때문은 아닌가? 나는 목회자로서 고통하고 괴로워하며 주님께 이렇게 물을 수밖에 없다.

"아버지, 제가 쌓고 있는 바벨탑은 무엇입니까?"

우리 모두가 물어야 할 질문이다. 부모로서 아이들에게 강요하며 바벨탑을 쌓고 있지는 않은가? 별로 중요하지 않은 것들 때문에 진짜 소중한 가정의 가치를 헌신짝처럼 버리고 있지는 않은가? 이 성전은 "정말 아름다운 돌로 지어졌습니다"라고 떠들고 있을 때가 아니다. 그 성전은 부서지고 헐어져야 한다.

우리 안에 선한 게 없다

많은 이들이 "분당우리교회는 참 좋은 교회입니다"라고 칭찬을 해준다. 처음엔 그런 이야기를 들을 때마다 속으로 '하나님, 이건 참으로 맞지 않는 이야기입니다'라고 생각했다. 한번도 그 칭찬을 진지하게 생각해본 적 없이 한 귀로 듣고 한 귀로 흘렸다. 그런데 1년, 2년 지나자 교만이란 놈이 나도 모르게 내 안에 스며들었다. 언젠가부터 자연스럽게 이런 생각이 든다.

'우리 교회에 뭔가 좋은 게 있으니 좋은 교회라고 하는 거겠지!'

그러나 우리 안에 선한 것이라곤 아무것도 없다. 모태신앙이라고, 5대째 예수 믿는 가정이라고 우리 안에 선한 게 있는가? 다 무너져야 하고 부서뜨려야 하는 것들뿐이다.

우리 자아가 다 무너질 때, 하나님 없이도 어떻게 해보겠다고 하는 그 모든 시도들이 다 무너질 때, 건설하고 세워주시는 하나님의 능력이 나타나게 될 줄 믿는다. 나는 이날을 기다린다.

이 후에 내가 돌아와서 다윗의 무너진 장막을 다시 지으며 또 그 허물어진 것을 다시 지어 일으키리니 행 15:16

지금 우리는 목회자들의 타락과 변질로 무너져버린 다윗의 장막을 보며 한숨짓고 있지만, 언젠가 주님이 오셔서 우리가 무너뜨린

돌이킴, 부흥의 시작

다윗의 장막을 다시 일으켜주실 것이다. 나는 그날을 사모하고 기다린다. 우리 가정 안에 무엇이 잘못되었는지, 무엇이 무너지고 부서져서 자녀들이 혼미함 속에서 헤매고 있는지, 도대체 무엇을 해야 하는지 아무것도 모르겠는 상황 속에 있는가? 우리가 무너뜨린 다윗의 장막을 언젠가 주님이 다시 오셔서 일으켜 세워주실 것을 사모하고 또 사모하자. 반드시 그날이 올 것을 믿는다.

> 그러나 내게는 우리 주 예수 그리스도의 십자가 외에
> 결코 자랑할 것이 없으니
> 그리스도로 말미암아
> 세상이 나를 대하여 십자가에 못 박히고
> 내가 또한 세상을 대하여 그러하니라 갈 6:14

우리에게는 예수 그리스도의 십자가 외에 결코 자랑할 것이 없다. 그 밖의 모든 것들은 다 허물어져야 한다. 하나님 없이 잘되고 있는 모든 것이 허물어지지 않고 다시 세워지는 일이 없다.

이 시대에 정말 부흥이 일어나기 위해서는, 모든 것이 허물어지는 가슴 아픈 일들이 새롭게 건설되고 세워지는 축복의 통로가 될 것을 볼 수 있는 영안이 회복되어야 한다. 그러기 위해선 먼저, 바벨탑을 좀 더 높이 쌓을 수 있게 해달라고 기도하고 있는 우리 자

신의 모습을 자각해야 한다. 그리고 그 바벨탑을 모두 무너뜨려야
한다.

　우리의 눈에는 정말 아름다운 돌로 만들어진 성전이지만 주님의
눈에는 그저 하루 빨리 무너뜨려야 하는 것이다. 그래야 다시 세워
주시는 주님이 일하실 수 있기 때문이다.

돌이킴, 부흥의 시작

... 7

아비의 소원

#
우리 마음이 어느새
우상을 찍어내는 우상 공장이 되어버렸다.
진정한 부흥은 우리의 마음을 깨뜨리는
우상 타파에서 시작된다!

하나님을 향한 **사랑**,
하나님을 향한 **신뢰**,
하나님을 향한 **지식**.
이것이 회복될 때 부흥이 시작된다!

눈에 보이는. 우상만. 제거한다고. 부흥이 아니다.
우상 공장 같은 내 마음을 돌이켜
하나님만을 섬겨야 한다.

하나님 마음이. 있는 곳에. 내 마음도. 있어야 한다.
그곳에서 진정한 부흥이 시작된다!

하나님이 이 모든 말씀으로 말씀하여 이르시되

나는 너를 애굽 땅, 종 되었던 집에서 인도하여 낸

네 하나님 여호와니라

너는 나 외에는 다른 신들을 네게 두지 말라

너를 위하여 새긴 우상을 만들지 말고

또 위로 하늘에 있는 것이나 아래로 땅에 있는 것이나

땅 아래 물속에 있는 것의 어떤 형상도 만들지 말며

그것들에게 절하지 말며 그것들을 섬기지 말라

나 네 하나님 여호와는 질투하는 하나님인즉

나를 미워하는 자의 죄를 갚되

아버지로부터 아들에게로 삼사 대까지 이르게 하거니와

나를 사랑하고 내 계명을 지키는 자에게는

천 대까지 은혜를 베푸느니라

우상숭배가 깨져야 한다

우리가 영적으로 진정한 부흥을 맛보기 위해서는 우리 안에 있는 우상숭배를 깨뜨려야 한다.

J. C. 라일은 《우상》이란 책에서, '우상숭배'를 이렇게 정의한다.

> "우상숭배는 삼위 하나님께만 합당하고 그분께만 돌려야 할 영광을, 하나님이 지으신 피조물이나 그 피조물이 만들어낸 것들에 돌리는 것이다."

이것을 철저하게 인식하는 태도, 바로 이것이 우상숭배 타파의 정신이다. 여기서 중요한 것은 우상숭배의 뿌리는 거의 예외 없이 잘못된 자기 사랑과 철저한 자기중심성에서 비롯된다는 것이다. 온

우주가 나를 위해 존재하고 나를 위해 돌아간다는 잘못된 자기중심성이 우상을 양산하는 요소가 된다.

우상숭배에 대해 생각을 하다 보니, 친하게 지내는 어느 목사님의 간증이 떠올랐다. 이분이 어느 교회에 담임목사로 부임해 갔는데, 목회를 하다가 그만 공황장애가 왔다. 인터넷에서 공황장애에 대해 검색을 해봤더니 이렇게 설명하고 있었다.

"공포심으로 심장이 터질 것처럼 빨리 뛰거나 가슴이 답답하며 숨이 차는 신체증상이 동반된 극도의 불안한 증상을 말한다."

그 고통은 안 겪어본 사람은 모른다고 한다. 목사인 그 분에게 이런 고통스런 병이 찾아온 것이다. 공황장애가 우울증으로 연결되어 병원에 입원하기도 했다. 통원치료까지 무려 8,9개월 가까이 치료를 받으며 목사님은 정신적인 어려움 때문에 큰 고통을 겪으셨다. 목사님은 그 시간을 지나면서 왜 이런 일이 생기게 되었는지 가만히 분석해봤다고 한다.

그 목사님은 부교역자 시절에 아주 탁월한 목사님이었다. 담임목사, 동료들, 성도들 할 것 없이 누구에게나 인정받는 설교 잘하고 사랑받는 목회자로 대우 받았다.

이렇게 인정받던 목사님이 어느 교회의 담임목사로 청빙을 받아 부임했다. 그런데 부임해 간 교회에서 당황스러운 일이 일어났다. 그 교회 중직자 몇 분이 목사님에 대해 호의적으로 대하지 않은 것이었다. 때로는 노골적으로 불만을 드러내기도 했다.

사실 이런 것이 목회 아닌가? 그러나 목사님 입장에서는 처음 겪는 일이다 보니 이런 상황이 큰 상처가 되었다. 그런 일이 계속되자 이 목사님이 받은 충격과 누적된 부담감이 마음의 병으로 찾아온 것이다.

그 고통스러운 터널을 지나는 과정에서 목사님은 마음이 힘들 때마다 시편을 읽으며 싸워 나갔다. 어느 날, 그날도 시편을 읽고 있었는데 갑자기 누가복음이 읽고 싶어지더란다. 그래서 시편을 읽다 말고 누가복음을 펴서 읽는데, 그 안에서 발견한 한 구절이 자기를 살려냈다고 한다.

모든 사람이 너희를 칭찬하면 화가 있도다 그들의 조상들이 거짓 선지자들에게 이와 같이 하였느니라 눅 6:26

어떤 사람에게는 평범하게 읽고 지나갈 수 있는 말씀이 어떤 사람에게는 영혼을 살리는 말씀이 된다. 그날 목사님에게 이 말씀이 바로 그런 경우였다.

"모든 사람이 너희를 칭찬하면 화가 있도다!"

이 한 구절로 목사님은 지독한 병에서 빠져나올 수 있었다. 부교역자 시절에 워낙 사람들에게 인정받고 사랑받는 환경에 있다 보니,

돌이킴, 부흥의 시작

많지도 않은 몇몇 사람이 자기를 거절하고 거부하는 그 마음을 견딜 수 없었다는 것, 이것이 마음의 병이 생긴 원인이고, 그 뿌리에는 자기의 교만이 있었다는 걸 깨닫게 된 것이다.

목사님은 이 문제를 가지고 하나님께 깊이 회개하는 자리로 나아갔고, 그날 이후로 그런 상황이 목사님에게 더 이상 문제가 되지 않았다. 목사님은 깨끗하게 치유 받았다. 지금은 너무나 건강하게 목회를 잘하는 목사로 교회를 잘 섬기고 있다.

목사님의 간증을 들으며 나 역시 많은 영향을 받았다. 비록 나에게 그 목사님처럼 우울증이나 공황장애 같은 병이 찾아오지 않았지만, 내 마음에도 이런 연약함이 있었기 때문이다. 수많은 성도들 중에 두세 명만 뭐라고 하면서 시비를 걸면 나머지 성도들은 안중에 없고 그 몇 명에 온통 마음에 쏠려버리는 나약한 모습 말이다.

하지만 나 역시도 지금은 이 문제가 거의 해결되었다. 그 목사님에게 깨달음을 준 누가복음 6장 26절 말씀에 의하면, 모든 사람들이 다 나를 인정하고 칭찬한다면 그 구도 자체가 문제라는 것을 깨달았기 때문이다.

우리는 늘 우리 자신과 싸워야 한다.

'나는 다른 사람과 달라. 누구도 나를 싫어하면 안 돼. 모두가 다 나를 좋아해야 해.'

나도 모르게 내 안에 찾아와 있는 이런 교만과의 싸움이 우상숭배 타파의 결정적이고 중요한 요소이다. 하나님이 싫어하시는 우상 숭배는 이렇게 잘못된 자기 사랑, 철저한 자기중심성에서 기인한다.

나를 위해 우상을 만들다

출애굽기 32장에 보면 이스라엘 백성들이 금송아지 우상을 만들다가 하나님께 징계를 받는 내용이 나온다. 그런데 출애굽기 32장 1절에 보면 이스라엘 백성들이 왜 금송아지 우상을 만들었는지 이유를 설명하는 대목이 나온다.

> 백성이 모세가 산에서 내려옴이 더딤을 보고 모여 백성이 아론에게 이르러 말하되 일어나라 우리를 위하여 우리를 인도할 신을 만들라
>
> 출 32:1

우상을 왜 만들었는가? 우리를 위하여. 철저한 자기중심성, 잘못된 자기 사랑이 극명하게 드러나는 순간이다.

레위기 26장 1절에도 "너희는 자기를 위하여 우상을 만들지 말지니"라고 되어 있다. 신명기 4장 16절은 "그리하여 스스로 부패하여 자기를 위해 어떤 형상대로든지 우상을 새겨 만들지 말라"고 말한다. 우상을 만들고 숭배하는 현상의 공통점은 '자기를 위하여'이다.

돌이킴, 부흥의 시작

출애굽기 20장 3,4절도 마찬가지다.

> 너는 나 외에는 다른 신들을 네게 두지 말라
> 너를 위하여 새긴 우상을 만들지 말고 출 20:3,4

여기서 하나님이 유독 강조하여 표현하시는 게 뭔가? '너를 위하여'라고 하는, 우상을 만드는 근본적인 원인인 잘못된 자기 사랑을 조심하라는 것이다. 나 역시 목회자로서 이것이 얼마나 위험한지 잘 알고 있다. 내가 하나님의 영광을 위해서 열심히 목회하고 설교 준비를 하고 있지만, 그 안에 끼어 들어오는 불순물 같은 것들이 있다는 사실도 알고 있다.

그 불순물은 바로 자기 사랑이다. 나를 위해 목회하고, 내가 인정받고 싶고, 설교 잘한다는 칭찬 듣고 싶고, 교회를 키우고 싶은 자기 사랑. 우리의 내면세계엔 항상 이 불순물이 함께한다는 것을 인식하는 삶이 우상 타파에 있어서 굉장히 중요한 열쇠가 된다.

이 같은 사실은 신약에서도 계속 강조되고 있다. 골로새서 3장 5절을 보자.

> 그러므로 땅에 있는 지체를 죽이라 곧 음란과 부정과 사욕과 악한 정욕과 탐심이니 탐심은 우상숭배니라 골 3:5

또 빌립보서 3장 18,19절을 보자.

내가 여러 번 너희에게 말하였거니와 이제도 눈물을 흘리며 말하노니 여러 사람들이 그리스도의 십자가의 원수로 행하느니라 그들의 마침은 멸망이요 그들의 신은 배요 그 영광은 그들의 부끄러움에 있고 땅의 일을 생각하는 자라 빌 3:18,19

"그들의 신은 배요"라는 말은 "그들은 욕망을 하나님처럼 섬긴다"는 뜻이다. 욕망을 하나님처럼 섬기는 시대, 이게 우리가 사는 이 시대의 모습이다. 죄성을 가진 우리는 탐심이란 놈이 내면에 들어오면 그것을 제어할 힘이 없다. 피트 윌슨이 쓴 《하나님인가, 세상인가》에 보면, 존 칼빈의 말을 이렇게 인용하는 부분이 있다.

"인간의 마음은 우상을 만들어내는 우상 공장이다."

어떻게 이런 촌철살인 같은 말을 할 수 있는지 모르겠다. 욕망을 하나님처럼 섬기는 시대를 살다 보니, 우리도 모르게 우리 내면세계가 우상을 만들어내는 우상 공장이 되어버렸다는 존 칼빈의 말에 격하게 공감된다. 이런 상황을 방치해선 안 된다. 왜냐하면 하나님은 우상숭배를 지독히 싫어하시기 때문이다. 이걸 잊어선 안 된다.

돌이킴, 부흥의 시작

특별한 계명

하나님이 우상숭배를 얼마나 싫어하시는지 예를 들어보자. 출애굽기 20장은 하나님이 십계명을 주시는 내용을 담고 있다. 그런데 구도를 보니 흥미로운 게 있다. 십계명의 내용들이 쭉 열거되는데, 다른 계명들과 달리 "우상을 만들지 말고 섬기지 말라"는 제2계명에만 왜 그러면 안 되는지에 대한 부연 설명이 붙어 있다.

> 너를 위하여 새긴 우상을 만들지 말고 또 위로 하늘에 있는 것이나 아래로 땅에 있는 것이나 땅 아래 물속에 있는 것의 어떤 형상도 만들지 말며 그것들에게 절하지 말며 그것들을 섬기지 말라 출 20:4,5

다른 계명의 예를 봐서는 여기까지 기술하고 다음 계명으로 넘어가야 하는데, 유독 여기에만 부연설명을 덧붙이셨다. 다음 구절을 보자.

> 나 네 하나님 여호와는 질투하는 하나님인즉 나를 미워하는 자의 죄를 갚되 아버지로부터 아들에게로 삼사 대까지 이르게 하거니와 나를 사랑하고 내 계명을 지키는 자에게는 천 대까지 은혜를 베푸느니라
>
> 출 20:5,6

다른 아홉 가지 계명에는 이런 식의 부연설명이 없다. 유일하게 2계명에만 '이게 얼마나 무서운 죄인지 아느냐' 하면서 부연 설명이 달려 있다. 이것이 뭘 의미하겠는가? 하나님의 관점에서 봤을 때, 우상숭배의 문제가 그만큼 심각하고 중요하다는 것을 나타내는 것 아니겠는가.

그렇기 때문에 성경, 특히 구약을 보면 대부분의 영적 전쟁이 우상숭배의 문제로 인한 것임을 알게 된다. 끊임없이 우상을 만들어내는 우상 공장 같은 백성들의 태도와 그것을 간과하지 않으시는 하나님의 징계가 이스라엘 역사의 전부라고 해도 과언이 아닐 정도이다.

그러면 이런 질문을 할 수 있지 않겠는가? 하나님은 왜 우상숭배의 문제를 이토록 심각하게 생각하시는가? 그 이유에 대해 세 가지 정도로 정리해보자.

하나님을 향한 사랑의 문제

첫째, 하나님이 우상숭배를 심각하게 생각하시는 이유는, 이것이 하나님을 향한 사랑의 문제이기 때문이다.

신약에 보면 예수님이 계명들에 대해 의미를 부여하는 말씀이 나온다.

예수께서 이르시되 네 마음을 다하고 목숨을 다하고 뜻을 다하여 주
너의 하나님을 사랑하라 하셨으니 이것이 크고 첫째 되는 계명이요
둘째도 그와 같으니 네 이웃을 네 자신같이 사랑하라 하셨으니 이 두
계명이 온 율법과 선지자의 강령이니라 마 22:37-40

예수님은 계명들을 '사랑'이란 코드로 풀어나가고 계신다. 많은
이들이 어린 시절 주일학교에서 십계명에 대해 이렇게 배운 기억이
있을 것이다. 제1계명부터 제4계명까지는 하나님 사랑, 제5계명부
터 제10계명까지는 이웃 사랑이라고. 성경이 계명에 '사랑'이란 의미
를 부여한다는 것이다.

개인적으로 나는 하나님이 우상숭배를 하면 안 된다고 하시는
제2계명 말씀이 감사하다. 더군다나 이 계명을 주시면서 말씀하신
"네 하나님 여호와는 질투하는 하나님인즉"이란 표현이 정말 감사
하다.

본래 사랑하는 사람에게서 느끼는 게 질투 아닌가? 아내를 사랑
하면 말로 다할 수 없는 질투심이 일어난다. 나 말고 다른 남자를
사랑하는 걸 용납하지 않는다. 그게 사랑이다. '질투하는 하나님'
이란 표현은 하나님이 우리와 같은 저급한 감정을 가지고 있다는
뜻이 아니라, 우리가 잘 이해할 수 있도록 우리가 가진 감정에 빗대
어 설명하고 계신 것이다. '너희들이 사랑하는 사이에서 느끼는 질

투심처럼 내가 너희들을 사랑한다'는 표현이다.

신약의 마태복음 6장 24절 말씀도 '나는 질투하는 하나님'이라는 말씀을 보완 설명해준다.

> 한 사람이 두 주인을 섬기지 못할 것이니 혹 이를 미워하고 저를 사랑하거나 혹 이를 중히 여기고 저를 경히 여김이라 너희가 하나님과 재물을 겸하여 섬기지 못하느니라 마 6:24

언젠가 우리 교회에서 함께 사역하는 후배 목사님에게서 이메일을 받았다. 며칠 전에 다른 목사님과 함께 노방전도에 나갔다가 느낀 것들을 적어 보낸 메일이었다. 나는 그 메일을 읽고 전율을 느꼈다. 메일의 일부를 인용해본다.

오늘 저녁 8시 반쯤 지하철 전도를 다녀왔습니다. 교회에서 제작한 전도지와 목사님의 설교 CD, 그리고 전도대상자를 생각하며 쓴 엽서와 초콜릿을 준비해서 나갔습니다. 전도를 하다 보니 몇몇 분은 이미 교회에 다니신다고 인사를 건네셨고, 어떤 분은 경계하며 거절하셨고, 어떤 분은 초콜릿은 받지 않고 전도지만 받기도 했습니다. 술에 조금 취하신 사십 대 초반쯤 되어 보이는 아저씨에게 인사를 건넸습니다.

돌이킴, 부흥의 시작

"안녕하세요? 저는 분당우리교회에서 섬기는 목사입니다."

제 인사에 그 분은 아주 짜증 섞이고 지저분한 벌레를 보는 듯한 표정으로 한 마디 던졌습니다.

"사기꾼."

조금, 아니 많이 당황했습니다. 그래도 미소를 잃지 않으려고 애쓰며 "한 주간 수고 많으셨지요? 내일 밸런타인데이인데 초콜릿 드시며 이 것 좀 읽어보세요"라고 하며 초콜릿과 전도지를 건넸습니다. 그랬더니 더 짜증과 경멸을 담은 눈빛으로 "집어치워"라는 것입니다.

저는 더 이상 아무 말도 하지 못한 채 돌아섰습니다. 그리고 한참을 혼자 걸었습니다. 지하철 밖으로 나와 비 오는 거리를 계속 걷기만 했습니다. 비 오듯 저도 울며 걷기만 했습니다. 술 취한 그 아저씨의 "사기꾼, 집어치워"란 말이 제 가슴을 너무 세게 때렸습니다.

저는 저를 목사로 소개했는데 저들은 사기꾼으로 듣고 있었습니다. 목사가 하는 말이 사기로 들리고 있었습니다. 그런데 술 취한 아저씨의 말에 한 마디 반박도 못했습니다. 비 오는 거리를 한 시간쯤 헤매며 엉엉 울었습니다. 벌거벗겨진 것처럼 부끄러웠습니다. 양복 입고 넥타이 매고 아이들 앞에서 떠들어대던 제 모습이 정말 사기꾼처럼 여겨집니다. 하나님과 예수님의 이름이 모욕을 당하고 복음이 땅에 짓밟히는 것이 다 사기꾼 목사인 저 때문이라는 게 너무 너무 부끄러웠습니다.

밤 10시 넘어 사무실에 돌아와 또 울었습니다. 너무나 창피한 제 모습 때문에. 하나님께 너무나 죄송하고 부끄러워 한참을 울었습니다. 복음 전하는 게 좋아서, 복음만 전하며 살고 싶어서 목회자가 되었는데, 복음은커녕 사기만 치고 있는 제가 너무 부끄럽습니다.

나는 그날 이 목사님의 메일을 읽으면서 마음이 아팠다. 내가 아는 이 후배 목사는 결코 사기꾼이 아니다. 누구보다 정직한 목회자이다. 그런데 이 신실한 목회자가 왜 이런 고통을 느껴야 하는가? 마음이 아팠지만, 한편으로는 기뻤다.

여호수아도 그랬다. 아간이 저지른 죄악 때문에 전쟁에 패한 상황이었지만, 여호수아는 "내 죄입니다"라고 하나님 앞에서 고통하며 기도했다. 그 여호수아처럼 오늘 한국 교회의 상함을 마치 자기 자신의 죄 때문인 것처럼 그렇게 하나님 앞에 통곡하며 하나님과 이 땅의 교회를 뜨겁게 사랑하는 후배 목회자가 분당우리교회 교역자라는 사실이 너무 기쁘고 감사했다.

그러면서 동시에 '과연 나는 이런 신실한 후배 목회자들 앞에서 담임목사랍시고 저들을 가르치고 지도할 자격이 있나' 하는 생각을 했다. 과연 내게도 저렇게 순수하게 주님을 사랑하는 마음이 있는가 돌아보면서 말이다. 우상숭배는 하나님을 향한 사랑의 문제이기 때문이다.

돌이킴, 부흥의 시작

둘째, 하나님이 우상숭배를 심각하게 생각하시는 이유는 우상숭배는 하나님에 대한 신뢰의 문제이기 때문이다.

출애굽기 20장을 보면 의미 있는 내용 하나를 발견할 수 있다. 하나님께서 십계명을 주시는데 1절부터 주시는 게 아니라 3절부터 주신다. 그러면 1,2절엔 무슨 말씀이 있는가?

> 하나님이 이 모든 말씀으로 말씀하여 이르시되 나는 너를 애굽 땅,
> 종 되었던 집에서 인도하여 낸 네 하나님 여호와니라 출 10:1,2

십계명을 주시기 전에 이 말씀을 반포하신 이유가 무엇인가? 자신이 애굽에서 종살이 하던 그때, 자기 인생이 말할 수 없이 초라하고 비참하던 그때에 자신을 인도해내신 분이 여호와 하나님이심을 기억하는 자만이 십계명을 지킬 수 있음을 강조하기 위해서이다. 그래서 유대교에서는 이 말씀을 제1계명으로 취급한다고 한다.

"나는 너를 애굽 땅, 종 되었던 집에서 인도하여 낸 네 하나님 여호와니라."

하나님의 계명을 그저 기계적으로 지키는 것이 부흥이 아니다. 하나님을 사랑하는 마음을 담아 하나님이 주신 계명을 지킬 수 있어야 그게 부흥이다. 하나님이 어떤 사랑으로 나를 인도해주셨던가

를 아는 사람만이 지킬 수 있는 것이 하나님의 계명이다.

나도 이십 대 초반에 마음이 우울하고, 살맛이 안 나고, 잠자리에 들어도 잠이 안 오고, 아침에 잠에서 깨어도 눈을 뜨고 싶지 않던, 정말 막막한 터널을 지난 적이 있다. 스스로를 말할 수 없이 초라하게 여기며 비참해하던 그때, 하나님께서 어떤 은혜로 나를 그 깊은 상처의 자리에서 꺼내주셨는지 지금도 생생하게 기억하고 있다.

그것을 알기에 오늘도 나는 하나님의 은혜를 의지하며 하나님이 주신 계명을 온전히 지키려고 애쓴다. 그 하나님에 대한 신뢰, '하나님 한 분이면 충분하다'는 신뢰의 마음이 우상숭배를 피할 수 있는 힘이 된다. 이걸 놓치면 어떤 결과가 일어나는가?

그들이 호렙에서 송아지를 만들고 부어 만든 우상을 경배하여 자기 영광을 풀 먹는 소의 형상으로 바꾸었도다 시 106:19,20

그들이 어쩌다 이런 짓을 하게 되었는가? 21절이 그 원인을 이렇게 설명한다.

애굽에서 큰일을 행하신 그의 구원자 하나님을 그들이 잊었나니 시 106:21

돌이킴, 부흥의 시작

하나님이 나를 어떻게 인도해주셨는지, 그 하나님이 내게 어떤 분이신지를 잊어버리면 이런 어리석음을 범하게 된다. 바로 이것 때문에 하나님이 십계명을 주시기 전에 1,2절의 전제를 주신 것이다. 우리가 우상을 타파하고 진정한 부흥을 맛보기 위해서는 가장 먼저 내 마음에 "하나님 한 분만으로 나는 만족합니다. 나를 인도하신 하나님을 내가 신뢰합니다!"라는 고백이 선행되어야 한다.

주님 한 분만으로 임한 기쁨

이 부분을 묵상하다 보니, 개척 초기의 일이 떠올랐다. 그때는 지금처럼 성도들이 많이 모일 때도 아니었고, 이름이 알려진 때도 아니었다. 그런데도 당시 내 마음에는 지금보다 훨씬 더 큰 기쁨과 노래가 있었던 것 같다.

내 기억으로 아직도 추위가 다 가시지 않은 2월이나 3월쯤 되던 어느 날이다. 누군가와 약속을 하고 그 분이 차를 가지고 오신다기에 학교 앞 도로에서 기다리고 있는데 약속하신 그 분이 약간 늦어지셨다. 그렇게 기다리는 동안 내 마음속에서 갑자기 기쁨이 막 용솟음치기 시작했다. 그러면서 내가 생각해도 정말 어이없는 짓을 했다. 내가 길거리에서 춤을 춘 것이다.

나를 아는 사람들은 다 아는 사실이지만, 나는 몸치다. 대학 다닐 때도 나이트클럽 같은 데는 가본 적이 없다. 모르는 사람들이야 내가 경건해서 그랬을 거라고 생각하겠지만, 사실 내가 몸치인 것도 이유 중에 하나였다. 그런 내가 학교 앞 대로에서 억제할 수 없는 마음의 기쁨으로 찬양을 부르고 스텝을 밟으며 춤을 추고 있었다. 그 찬양이 뭐였는지 지금도 생생하다.

주님 한 분만으로 나는 만족해
나의 모든 것 되신 주님 찬양해
나의 영원한 생명 되신 예수님
목소리 높여 찬양해
주님의 크신 사랑 찬양해
나의 힘과 능력이 되신 주
나의 모든 삶 변화되었네
크신 주의 사랑 찬양해

그때가 사십 대 초반쯤 되었던 때였는데, 사십 대 아저씨가 길거리에서 노래를 부르며 막춤을 추고 있는 모습을 한번 상상해보라. 말한 것처럼 교회가 그리 크지도 않았고, 이름이 알려지지도 않았던 때라, 어떤 화려한 외적 상황이나 조건이 감사 제목이 아니었다. 그저 하나님이 지금까지 어떤 은혜를 베풀어주서서 내가 이 자리까지

돌이킴, 부흥의 시작

올 수 있었는지 생각하며 하나님께 감사하자 '주님 한 분만으로 만족한다'는 고백이 절로 찬양이 되어 흘러나온 것이다. 이런 마음의 상태가 우상을 타파하는 능력이 되는 줄로 믿는다.

하나님에 대한 지식의 문제

셋째, 우상숭배는 하나님에 대한 지식의 문제이다. 몰라서 우상숭배를 한다는 것이다.

> 내 백성이 지식이 없으므로 망하는도다 호 4:6

> 주 여호와의 말씀이니라 보라 날이 이를지라 내가 기근을 땅에 보내리니 양식이 없어 주림이 아니며 물이 없어 갈함이 아니요 여호와의 말씀을 듣지 못한 기갈이라 암 8:11

모르기 때문에 우상을 숭배한다. 내가 늘 주장하는 게 '사랑은 지식'이란 것이다. 목회를 하면서 가슴 아픈 것 중 하나가 개인적으로 보면 너무 좋은 성격을 가진 남편과 아내인데, 그 두 사람이 가정 안에서는 미치도록 싸우는 경우가 생각보다 많다는 사실이다. 일대일로 만나 보면 남편도, 아내도 그렇게 좋을 수 없다. 그런데 왜 그 두 사람이 이룬 가정이 화목하지 못하고 서로를 향해 핏대를 세우는 것일까? 그건 두 사람 모두 상대방에 대한 지식을 갖지 못했기 때문이다. 부부 사이일수록 상대방을 알아가려고 애써야 하는 이유가 여기에 있다.

내가 강아지를 키우면서 알게 된 게 있다. 내 딴에는 강아지를 사랑해서 잘해준다고 하는 게 오히려 강아지를 힘들게 하고 덧나게 하는 경우가 비일비재하다는 것이다. 강아지들은 온통 먹을 생각뿐이다. 먹는 것 앞에서는 서열이고 뭐고 없다. 지금 무언가를 먹고 있는 사람이 최고다. 뭐라도 줄까 싶어 그 사람 앞에서 알짱거린다.

그러니 우리가 식사라도 할라치면 만사를 제쳐놓고 달려와서 음식 하나라도 달라고 그렇게 애처로운 눈빛을 보낸다. 그 눈빛을 보면 뭐라도 하나 집어 주지 않을 수가 없다. 또 그걸 받아서 잘 먹는 모습을 보면 그렇게 예쁠 수가 없다.

그러다 충격을 받은 일이 있었는데, LA에 사시는 친한 성도님 한 분이 한국에 오셨을 때 이런 이야기를 하셨다. 자기도 강아지를 키웠는데 먹을 것 달라는 대로 다 주다가 그 강아지가 위암에 걸려서 죽었다는 것이다. 뭘 먹이면 안 되는지, 뭘 먹어도 되는지 지식 없이 내키는 대로 사랑하면 이런 부작용이 일어난다.

인격이 없는 강아지도 지식 없이 사랑하면 안 되는데, 하물며 부

돌이킴, 부흥의 시작

부가 서로에 대해 너무 몰라서야 되겠는가! 자녀들을 대할 때도, 하나님에 대해서도 마찬가지다. 하나님에 대한 지식이 없어서 우상을 숭배하는 것이다. 우리가 하나님에 대한 지식이 없어서 망하게 생겼다.

애비 소원은 그것뿐이다!

언젠가 교회 게시판에서 이런 글을 봤다.

"〈불후의 명곡〉에서 린이 부른 '애비'라는 노래를 꼭 들어보세요."

그래서 그 노래를 찾아서 들어봤다. 결혼식을 올리고 있는 딸을 향한 아버지의 애틋한 심정이 가득 담긴 노래였다. 가사가 이랬다.

아장아장 걸음마가 엊그제 같은데

어느새 자라 내 곁을 떠난다니

강처럼 흘러버린 그 세월들이

이 애비 가슴속엔 남아 있구나

그래 그래 그래 울지 마라

고운 드레스에 얼룩이 질라

참아야 한다 참아야 한다

애비 부탁은 그것뿐이다

그날 이 노래를 부른 젊은 가수도, 듣는 방청객들도 다 울었다.
그 노래의 마지막 가사 한 줄에 내 마음이 무너져버렸다.

잘 살아야 한다 행복해야 한다
애비 소원은 그것뿐이다
애비 부탁은 그것뿐이다

그 가수는 자기 육신의 아버지를 생각하며 눈물로 그 노래를 불
렀겠지만, 나는 그 노래를 들으며 여호와 하나님 아버지가 생각났
다. 하나님께서 왜 우리에게 "우상숭배하지 마라. 너희들은 나만
사랑해라"라고 하시는지가 가슴에 사무치면서 눈물이 났다. 왜 그
것을 요구하시는가? 그 길이 우리가 행복해지는 길이기 때문이다.
"잘 살아야 한다. 행복해야 한다. 애비 소원은 그것뿐이다"라고 하
시는 하나님 아버지의 심정이 고스란히 전해지는 것 같았다.
그 노래 가사 중에 아버지의 마음을 이렇게 표현하는 부분이 있
었다.

가뭄으로 말라터진 논바닥 같은

돌이킴, 부흥의 시작

가슴이라면 너는 알겠니

비바람 몰아치는 텅 빈 벌판에

홀로 선 솔나무 같은 마음이구나

틈만 나면 우상을 만들어내는 우상 공장 같은 내 마음이, 틈만 나면 바알 신이고 맘몬 신이고 닥치는 대로 섬기며 우리 자신을 스스로 행복하게 만들어보겠다는 그 모든 시도들이 우리를 고뇌로 빠뜨리고 공황장애로 몰아가는 것 아닌가? 그런 우리 인생을 보시는 하나님 아버지의 마음을 이보다 더 잘 표현한 게 또 있을까 싶었다.

놀라운 부흥을 이끌어나갔던 사무엘이 지도자로서 명령한 것이 있다. 사무엘상 7장이다.

사무엘이 이스라엘 온 족속에게 말하여 이르되 만일 너희가 전심으로 여호와께 돌아오려거든 이방 신들과 아스다롯을 너희 중에서 제거하고 너희 마음을 여호와께로 향하여 그만을 섬기라 그리하면 너희를 블레셋 사람의 손에서 건져내시리라 삼상 7:3

눈에 보이는 이방신 아스다롯만 제거하는 게 부흥이 아니다. 그것에 그치는 것이 아니라 우상을 만들어내는 우상 공장 같은 내 마음을 하나님께로 향하여 그분만을 섬겨야 한다. 이것이 "잘 살아야 한다. 행복해야 한다. 애비 소원은 그것뿐이다"라고 하시는 하나님 아버지의 마음을 대변하는 것이다.

하나님 아버지의 마음이 있는 곳에 우리의 마음이 있어야 한다. 아버지의 눈물이 있는 곳에 우리의 눈물이 있어야 한다. 탐심 때문에 우상 공장같이 되어버린 우리의 마음을 돌이켜야 한다. 그야말로 소탐대실(小貪大失)이다. 우상을 타파하여 하나님 아버지의 소원을 이루어드리기를 바란다. 그래서 내 심령에, 우리 가정에, 한국 교회에 부흥이 있기를 간절히 바란다. 그것이 오늘을 살아내는 우리의 힘이 될 줄 믿는다.

돌이킴, 부흥의 시작

#
하나님을 더 갈급하게 갈망하고 찾아야 한다.
그 **갈급**한 마음이 오늘 우리에게 필.요.한. 마.음.이다.

"당신은 하나님을 아는가? 정말 하나님을 아는가?"

우리는 하나님을 너무 모른다.
아는 것 같지만 별로 중요하지 않은 것들만 알 뿐,
진짜. 중요한. 것은. 아무것도. 모르고. 있다.

우리가 진짜 부흥을 원한다면
하나님을 알아야 한다.
하나님을 향한 갈급한 심령을 가져야 한다.
우리가 **지식**이 없어서 망한다.

"하나님, 제가 하나님을 알기 원합니다.
제대로 알기 원합니다.
사슴이 물을 찾기에 갈급한 것처럼
그렇게. 제 영혼이. 하나님을. 찾기에. 갈급합니다!"

... *8*

모르면 망한다

오라 우리가 여호와께로 돌아가자
여호와께서 우리를 찢으셨으나 도로 낫게 하실 것이요
우리를 치셨으나 싸매어주실 것임이라
여호와께서 이틀 후에 우리를 살리시며
셋째 날에 우리를 일으키시리니 우리가 그의 앞에서 살리라
그러므로 우리가 여호와를 알자 힘써 여호와를 알자
그의 나타나심은 새벽 빛같이 어김없나니
비와 같이, 땅을 적시는 늦은 비와 같이
우리에게 임하시리라 하니라
에브라임아 내가 네게 어떻게 하랴
유다야 내가 네게 어떻게 하랴
너희의 인애가 아침 구름이나 쉬 없어지는 이슬 같도다
그러므로 내가 선지자들로 그들을 치고
내 입의 말로 그들을 죽였노니 내 심판은 빛처럼 나오느니라
나는 인애를 원하고 제사를 원하지 아니하며
번제보다 하나님을 아는 것을 원하노라

하나님을 찾기에 갈급한 마음

《하나님을 찾아서》란 책이 있다. 이 책의 표지에는 다음과 같은 부제가 함께 담겨 있다.

"육로로 이스라엘까지 2년 7개월, 세상에서 가장 행복한 만남."

책의 표지가 암시하듯, 이 책은 스물한 살 된 젊은 신학생이 그저 이론에 갇힌 하나님 말고 정말 살아 계신 하나님을 만나고 싶다는 갈망으로 떠난 이스라엘 여행기가 담겨 있다. 단돈 50만 원을 들고 2년 7개월간 육로로 이스라엘까지 여행하는 동안 그는 비로소 하나님의 온전한 인도하심을 받을 수 있었고, 그의 삶에 세밀하게 개입하시는 하나님을 만날 수 있었다.

그 책에 보면, 어느 지역에선가 여행 계획을 꼼꼼하게 적어놓은 노트를 분실했다고 한다. 처음엔 그저 망연자실했지만 여행하는

돌이킴, 부흥의 시작

과정에서 자기가 계획한 모든 것을 다 잃어버린 것이 오히려 하나님이 원하셨던 일이란 생각이 들었다고 한다. 그러고 나자 그는 오히려 자유로워졌으며, 어느 곳으로 가든 누구를 만나든 주님이 인도하고 계시다는 사실을 더욱 느낄 수 있었다고 한다.

책의 내용도 물론 귀했지만, 나이 어린 신학생이 그토록 간절하게 하나님을 찾고자 갈망하는 마음이 참으로 귀하다는 생각을 했다.

이제 갓 이십 대를 넘은 젊은 신학도의 애틋한 마음을 보면서 나는 잠언 8장의 말씀이 떠올랐다.

나를 사랑하는 자들이 나의 사랑을 입으며
나를 간절히 찾는 자가 나를 만날 것이니라 잠 8:17

젊은 신학도가 하나님 만나기를 갈망하고 소원하며 간절히 찾을 때, 하나님이 그를 만나주셨다. "육로로 이스라엘까지 2년 7개월, 세상에서 가장 행복한 만남"이란 부제가 그 감격을 고스란히 표현해주고 있었다.

사슴이 시냇물을 찾는 것처럼

나 역시 그런 갈망으로 가슴 벅차고 갈급했던 때가 있다. 신학대학원에 입학한 후 신입생 시절 내내, 유난히 많이 불렀던 찬양 한 곡이 있다.

목마른 사슴 시냇물을 찾아 헤매이듯이
내 영혼 주를 찾기에 갈급하나이다

수업에 들어가기 전 교실에 앉아 있다가도 이 찬양이 떠오르면 눈시울이 붉어졌고, 새벽에 일어나 예배드리다가도 이 찬양이 머릿속에서 울려 눈물이 글썽글썽해지곤 했다. 의지하는 가족과 떨어져 홀로 한국에서 생활하다 보니 더욱 하나님의 은혜가 갈급했던 것 같다. 이 찬양의 2절과 후렴 가사는 이렇다.

금보다 귀한 나의 주님 내게 만족 주신 주
당신만이 나의 기쁨 또한 나의 참 보배

주님만이 나의 힘 나의 방패 나의 참 소망
나의 몸 정성 다 바쳐서 주님 경배합니다

얼마나 순수하고 맑은 가사인지 모른다. 이 찬양의 가사는 시편 42편의 고백이 그 배경이다.

돌이킴, 부흥의 시작

하나님이여 사슴이 시냇물을 찾기에 갈급함같이 내 영혼이 주를 찾기에 갈급하니이다 내 영혼이 하나님 곧 살아 계시는 하나님을 갈망하나니 내가 어느 때에 나아가서 하나님의 얼굴을 뵈올까 시 42:1,2

시편 기자가 왜 이렇게 절박한 마음을 가지고 노래하고 있는가 보니 3절에 그 사연이 있다.

사람들이 종일 내게 하는 말이 네 하나님이 어디 있느뇨 하오니 내 눈물이 주야로 내 음식이 되었도다 시 42:3

바로 이 상황이 딱 오늘 한국 교회의 현실 아닌가? 수많은 사람들이 하나님의 이름을 조롱하는 가슴 아픈 일이 매일, 매 순간 일어나는 현실이다. 이런 시대를 사는 우리는 어떻게 해야 하는가?

하나님을 갈망해야 한다. 하나님을 찾기에 갈급했던 시편 기자처럼, 스물한 살의 신학도처럼 하나님을 더 갈급하게 찾아야 한다. 그 갈급한 마음이 오늘 이 시대의 우리에게 필요한 마음이다.

하나님께서는 얼마나 유명하고 얼마나 큰 교회의 목사인지, 얼마나 성공한 사람인지 같은 것들로 사람을 평가하지 않으신다. 비록 무명의 교육전도사일지라도, 아니면 미처 전도사로 쓰임받기 전의 젊은 신학도거나 삶의 한 자리에서 묵묵히 최선을 다하는 평신도일지라도 하나님만을 갈망하는 그 순수한 마음을 기뻐하시며, "나를 간절히 찾는 자가 나를 만날 것이니라"라고 하신 말씀과 같이 하나님을 만나는 기쁨을 허락해주신다.

안개와 같은 우리의 사랑

이 같은 각도에서 본문인 호세아서 6장을 살펴보자. 호세아서 6장 1절은 정말 유명한 말씀이다.

> 오라 우리가 여호와께로 돌아가자
> 여호와께서 우리를 찢으셨으나 도로 낫게 하실 것이요
> 우리를 치셨으나 싸매어주실 것임이라 호 6:1

중고등학교 때 교회 수련회에 가면 암송 구절로도 자주 나오던 말씀이다. 나도 어릴 때 이 말씀을 참 자주 외웠던 기억이 난다. 수련회에 참석하면 말씀을 암송하지 않으면 밥을 안 줬다. 아니, 지금 생각해보면 왜 밥 가지고 그랬나 모르겠다. 수련회비에 밥값도 다 포함되어 있었을 텐데. 어쨌든 그땐 밥 한 끼 얻어먹겠다고 얼마나 열심히 외웠는지 모른다.

그런데 그렇게 열심히 암송했던 이 말씀을 생각하면 마음이 아파

돌이킴, 부흥의 시작

온다. 한국 교회가 그렇게 오랫동안, 그렇게 열심히 이 말씀을 외우며 사모해왔는데, 그로부터 수십 년이 지난 오늘에 이르기까지 왜 한국 교회는 여전히 냉랭하고 부흥이 일어나지 않은 것일까?

본문 말씀에서 그 이유를 발견할 수 있다. 본문 말씀을 좀 더 이해하기 쉽게 현대인의성경으로 보자.

> 그들이 이렇게 말할 것이다. '오라! 우리가 여호와께 돌아가자. 여호와께서 우리를 찢으셨으나 우리를 다시 낫게 하실 것이며 우리에게 상처를 입히셨으나 우리를 싸매주실 것이다. 여호와께서 이틀 후에 우리를 살리시며 3일째에 우리를 일으키실 것이므로 우리가 그 앞에서 살게 될 것이다. 그러므로 여호와를 알자. 힘써 여호와를 알자. 그의 나타나심은 동이 트는 것처럼 확실하다. 비와 같이, 땅을 적시는 봄비같이 그가 우리에게 나오실 것이다.' 호 6:1-3, 현대인의성경

여기까지 보면 얼마나 아름다운 신앙고백인가? 그런데 바로 이어지는 4절을 보자.

> 그러나 여호와께서 말씀하신다. '이스라엘아, 내가 너를 어떻게 할까? 유다야, 내가 너를 어떻게 할까? 너희 사랑이 아침 안개와 같고 일찍 사라지는 이슬과 같구나. 호 6:4, 현대인의성경

하나님께서는 아름다운 이스라엘 백성의 신앙고백을 아주 냉담하게 받으신다. 정말 가슴 아픈 이야기 아닌가?

부흥을 이야기하고 꿈꾸고 있는 우리를 보시며 하나님께선 "나는 너희들의 부흥운동을 별로 기대 안 한다. 지금은 부흥 부흥 외쳐도 조금 지나면 금방 사그라질 테지"라고 냉담하게 반응하신다면 얼마나 슬픈 일인가?

부흥회 기간에는 잠깐 은혜를 사모하는 것처럼 두 손 들고 부르짖어 기도하다가도 그 기간이 끝나면 언제 그랬냐는 듯이 세상살이에 바쁘고 급급했던 것이 부끄러운 우리의 모습이다. 내 경험을 봐도 수련회 기간 동안 뜨겁게 눈물 흘리며 하나님께 사랑을 고백하고 하나님께 돌아가자고 외쳐댔지만 3일만 지나면 원래대로 돌아가는 일이 반복되던 청소년 시절이었다. 이런 우리의 모습을 보시는 하나님이 아픈 가슴으로 이렇게 한탄하시는 것이다.

"내가 너희를 어떻게 할까. 너희 사랑이 아침 안개와 같고 일찍 사라지는 이슬과 같구나."

1970년대부터 "우리가 여호와께로 돌아가자, 하나님을 알자"라고 암송하고 그렇게 수련회를 하며 예배를 드렸는데, 세상의 지탄을 받는 교회로 전락해 있는 현실 교회의 모습을 어떻게 설명해야 하는가? 나는 호세아서 6장 말씀에 그 답이 있다고 생각한다.

돌이킴, 부흥의 시작

이런 가슴 아픈 말씀을 하시며 하나님이 내어놓으신 대안이 바로 호세아서 6장 6절 말씀이다.

나는 인애를 원하고 제사를 원하지 아니하며
번제보다 하나님을 아는 것을 원하노라 호 6:6

이 말씀을 묵상하는데, 이 말씀이 정말 하나님의 심정으로 와 닿았다. 그러면서 이런 질문을 던지고 싶었다.

"당신은 하나님을 아는가? 정말 하나님을 아는가?"

이런 질문을 던지면서 어떤 기억 하나가 떠올랐다.

몇 년 전의 일이다. 미국에 집회가 있어서 공항에서 수속을 하고 대기 중이었다. 내가 앉아 있던 의자 맞은편에 한 남자 분이 앉아 있었다. 서로 모르는 사람들이니 어쩌다 눈이라도 마주치면 서로 딴청을 피우면서 어색하게 앉아 있는데, 마침 내 휴대폰으로 전화가 왔다. 간단히 통화를 하고는 "네, 제가 지금 미국 집회에 가는 중이라 다녀와서 전화 드리겠습니다"라고 전화를 끊었다. 그러자 앞에 앉아 있던 남자 분의 태도가 확 달라졌다.

"혹시 이찬수 목사님이세요?"

갑자기 말을 걸더니 내가 그렇다고 대답하자 얼굴이 확 펴지면서 내 옆으로 바짝 다가와 앉았다.

"제가 목사님 잘 압니다. 목사님 설교를 다운받아서 잘 듣고 있습니다."

이분의 얘기를 들어보니 평소에 내 설교를 음성 파일로 듣다 보니 음성은 익숙한데 얼굴은 긴가민가했던 것 같다.

어쨌든 이분이 '저 목사님 잘 압니다'라며 내 곁으로 다가오더니 가방에서 서류를 꺼내 보여주면서 자기가 지금 중요한 일로 외국에 나가는데 기도 좀 해달라며 부탁을 하는 것이다.

나는 지금도 간혹 공항에서의 그때 일을 떠올리곤 한다. 아마 사람들에게 "당신은 하나님을 아는가?"라는 질문을 던진다면 많은 사람들이 이렇게 대답했을 것이다.

"그럼요. 하나님 잘 알지요. 제가 모태신앙이에요. 우리 아버지가 장로님입니다."

이런 분들에게 나는 이런 질문을 던지고 싶다.

"혹시 당신이 지금 잘 알고 있다고 생각하는 그 하나님에 대한 지식이 공항에서 저를 만났던 그 남자분 정도밖에 되지 않는 것 아닙니까?"

사실 공항에서 만난 그 분이 나에게 친근감을 표해주면서 잘 안다고 해준 것은 고마운 이야기다. 하지만 실제로 그 분이 나에 대해 아는 건 거의 없었다. 내가 뭘 할 때 행복한지, 어떤 일에 슬픔을 느끼는지, 근래에 내가 무엇에 몰두하고 있는지, 그 분은 나에 대해 아무것도 모른다. 그저 아는 것은 내 목소리뿐이다. 우리가 지금 하나님을 잘 안다고 하는 것도 그 정도의 피상적인 것들 아닌가? 하나님은 이렇게 말씀하신다.

"나는 네가 드리는 번제보다 나 여호와 하나님을 잘 아는 걸 원한다."

하나님은 이것을 원하시는데, 우리가 하나님을 너무 모른다. 몰라도 너무하다 싶을 만큼 모른다. 하나님을 제대로 알지도 못하는데 어떻게 그분을 믿을 수 있겠는가?

우리가 진짜 부흥을 원한다면 이것부터 회복해야 한다. 하나님을 알고자 하는 마음을 회복해야 한다. 하나님을 알고자 하는 마음으로 가득했던 그 젊은 신학도처럼 하나님을 향한 갈급한 심령을 갖는 것이 중요하다.

"하나님, 제가 하나님을 알기 원합니다. 제대로 알기 원합니다. 사슴이 시냇물을 찾기에 갈급한 것처럼 그렇게 제 영혼이 하나님을 찾기에 갈급합니다!"

이런 차원에서 우리가 하나님을 알아가는 중요한 통로 두 가지를 함께 살펴보려고 한다. 물론 이것 말고도 하나님을 알아가는 방법이 무수히 많지만 여기서는 본문 말씀을 중심으로 결정적인 두 가지 정도만 정리해보자.

첫째, 하나님을 알아가는 가장 강력한 통로는 성경 말씀이다. 우리는 하나님이 주신 성경 말씀을 통해 하나님을 알아갈 수 있다.

성경에는 부흥에 관계된 기사들이 많이 나타나는데, 그 기사들에 나타나는 한 가지 공통점이 있다. 그것은 말씀이 부흥하는 것이 곧 영적인 부흥이라는 것이다.

대표적인 예가 느헤미야서 8장에 나오는 부흥운동이다. 바벨론에 포로로 잡혀갔던 이스라엘 백성들은 하나님의 은혜로 고국으로 돌아왔다. 돌아온 이스라엘 백성들은 다 무너져버린 하나님의 성전을 다시 세웠다. 그리고 성전을 세우는 데 그치지 않고 갈급한 심령으로 수문 앞 광장에 모인다. 이것이 어떻게 부흥과 연결되었는지 보자.

이스라엘 자손이 자기들의 성읍에 거주하였더니 일곱째 달에 이르러 모든 백성이 일제히 수문 앞 광장에 모여 학사 에스라에게 여호와께서 이스라엘에게 명령하신 모세의 율법책을 가져오기를 청하매 느 8:1

요즘 말로 하면, 성경책을 읽어달라는 것이다. 사람에게 기대고 사람을 의지하는 게 아니라 하나님의 말씀을 들려주기를 원하고 있다. 이어서 계속 보자.

수문 앞 광장에서 새벽부터 정오까지 남자나 여자나 알아들을 만한
모든 사람 앞에서 읽으매 뭇 백성이 그 율법책에 귀를 기울였는데
느 8:3

에스라가 모든 백성 위에 서서 그들 목전에 책을 펴니 책을 펼 때에 모
든 백성이 일어서니라 느 8:5

이스라엘 백성들은 하나님의 말씀에 깊은 관심을 가지고 귀를 기
울였으며, 말씀을 깊이 존중하는 태도를 보였다. 말씀이 선포될 때
그 말씀을 소중히 여기고 존중히 여기는 마음의 태도, 여기서 부흥
의 역사가 일어난다.

말씀을 존중히 여기는 태도가 부흥을 가져온다

예전에 북한을 방문한 적이 있는데, 중국을 경유하여 평양으로 가
는 노선이었다. 일정을 마치고 다시 평양에서 중국으로 왔는데, 거
기서 한국으로 들어오는 비행편이 맞지 않아서 하룻밤 묵게 되었
다. 그런데 동행했던 일행 중 한 명이 북한에서 운영하는 식당이 있
다고 그곳에 가보자고 제안을 했다.

그래서 북한에서 운영한다는 식당엘 가보았는데, 별세계였다. 종

업원들 모두 '김일성, 김정일 배지'를 가슴에 달고 있었고, 중국에 있었지만 정말 북한에서 운영한다는 느낌이 물씬 나는 곳이었다.

광장히 오래전 일인데 아직도 기억에 또렷한 한 가지 일이 있다. 일행 중에 조금 짓궂은 장로님이 계셨는데, 그 분이 종업원 한 명에게 조금 구깃구깃한 봉투와 펜을 내밀며 김일성의 이름이 한자로 어떻게 되는지 좀 써달라고 부탁했다. 그러자 그 부탁을 받은 여종업원의 얼굴이 확 굳어지면서 이렇게 말했다.

"위대하신 김일성 주석님의 존함을 이런 낡은 종이에 쓰란 말입네까? 난 못합네다. 깨끗한 종이 갖고 오시라요!"

그 표정이 지금도 잊혀지지 않는다. 세뇌의 결과이긴 하지만, 한 인간을 이 정도로 존중할 수 있구나 싶어서 정말 인상적이었다.

옛날, 성경을 필사하여 전수하던 시절에는 성경을 옮겨 적다가 '하나님'이란 대목이 나오면 붓을 씻거나 아니면 새 붓을 가지고 '하나님'이란 존함을 기록했다고 한다. 이것이 무엇을 의미하는가? 그만큼 하나님을 존귀히 여기고 존중해드리는 마음을 표현하는 것 아닌가?

어릴 때 성경책을 베고 자거나 함부로 대하다가 혼났던 기억이 있을 것이다. 사실 성경 사이즈가 낮잠 잘 때 베고 눕기에 딱 좋다. 그래서 아무 생각 없이 성경책을 베고 자다 보면 "얘가 어디서 하나님 말씀을 베고 있어? 빨리 안 일어나?" 하는 불호령이 떨어졌다.

돌이킴, 부흥의 시작

'내용이 중요하지 책 자체가 뭐가 중요한가?' 하는 생각으로 불만을 품기도 했지만, 시간이 지날수록 성경을 소중히 여기던 어른들의 마음이 느껴져서 마음이 뭉클해진다.

그러고 보면 우리 어릴 때는 어른들이 말씀을 참 소중히 여기셨던 것 같다. 주야로 말씀을 묵상하며 암송하고 필사하면서 하나님의 말씀을 소중히 여기셨다. 왜 그렇게 하셨을까? 성경은 하나님이 직접 자신을 소개하는 자기소개서이기 때문이다. 그렇기에 그 하나님의 말씀을 가까이하지 않고는 하나님을 사랑할 수 없는 것이다. 오늘 우리는 이 귀한 윗대 어른들의 정신을 놓치고 있는 것은 아닐까?

한국 교회가 진정한 부흥을 원한다면, 말씀을 사랑하는 태도를 회복해야 한다.

말씀이 희귀할 때 암흑기가 도래한다

느헤미야서 8장이 구약의 대표적인 부흥운동을 기록한 것이라면 이와 거의 정반대되는 기록도 있다. 엘리 제사장 시대의 기록이다. 흔히들 엘리 제사장 시대를 영적인 암흑시대라고 한다. 바로 그 이유를 사무엘상 3장 1절에서 발견할 수 있다.

아이 사무엘이 엘리 앞에서 여호와를 섬길 때에는 여호와의 말씀이 희

부흥의 시대와 영적인 암흑의 시대를 가르는 기준을 알겠는가? 그 기준은 하나님의 말씀이다. 하나님의 말씀이 흥왕하고, 말씀 듣기를 원하고, 선포되는 말씀을 소중히 여기는 시대는 부흥하는 시대이다. 반면에 말씀이 들리지 않을 뿐더러 말씀이 들리지 않아도 전혀 불편한 것이 없고 사모하는 마음도 없으면 그 시대는 영적인 암흑기인 것이다.

이 기준으로 봤을 때 오늘날 한국 교회는 부흥하는 시대인가, 영적인 암흑기인가? 이 기준에 비추어보면 답은 딱 나온다. 지금 우리 교회는 하나님보다 눈에 보이는 사람이 더 중요한 형세 아닌가?

눈에 보이는 목회자를 귀히 여기는 것은 좋은 마음이지만, 그것이 지나쳐 하나님의 말씀보다 목회자를 더 사모하게 된다면 그 자체가 병든 상황인 것을 자각해야 한다.

인간은 모두가 연약하고 믿을 만한 존재가 못된다. 누구든 자꾸 떠받들어주면 100퍼센트 변질되게 되어 있다. 원래 그게 인간이다. 인간은 긍휼의 대상이지 존경의 대상이 아니다. 느헤미야서 8장의 부흥운동과 같이 사람을 의지하는 것이 아니라 말씀을 선포하고 들려주어야 한다.

'부흥운동' 하면 많은 사람들이 사도행전의 부흥을 떠올린다. 교

209

회의 부흥이 불같이 일어났던 때가 아닌가. 그래서 부흥을 갈망하며 기도할 때 단골 멘트가 "초대교회로 돌아가게 하옵소서"이다. 그런데 놀라운 것은, 정작 사도행전에서는 '교회가 부흥했다'는 표현을 쓰지 않는다는 것이다. 대신에 어떤 표현을 사용했는가?

하나님의 말씀은 흥왕하여 더하더라 행 12:24

말씀이 흥왕하는 것이 부흥이다. 이 말을 다른 말로 하면, 말씀을 가까이하고 말씀을 소중히 하는 교회가 되어야 한다는 뜻이다. 나는 이런 차원에서 오늘날의 한국 교회가 부흥하는 교회가 되기를 원한다. 바로 이것이 부흥의 단초이다.

하나님을 갈망하는 자가 만난다

둘째, 하나님을 알아가는 또 다른 통로는 삶 속에서 하나님 만나기를 갈망하는 태도이다.

호세아서 6장 3절을 다시 보자.

그러므로 우리가 여호와를 알자 힘써 여호와를 알자 그의 나타나심은 새벽 빛같이 어김없나니 비와 같이, 땅을 적시는 늦은 비와 같이 우이 말씀이 왜 이렇게 피력되었는지 아는가? 당시 이스라엘 백성들은 타락하여 '하나님도 섬겨야 하지만 비를 주관하는 바알 신도 섬겨야 한다'고 생각했다. 그런 이스라엘 백성들을 향해 호세아 선지자는 이렇게 말한다.

"비를 주관하는 것은 바알 신이 아니다. 여호와 하나님이시다. 너희들이 비를 갈망하는 것도 중요하지만 그 비를 주관하시는 하나님을 갈망해야 한다. 여호와를 알자. 힘써 알자."

그리고 나서 6절의 "나는 인애를 원하고 제사를 원하지 아니하며 번제보다 하나님을 아는 것을 원하노라"라는 말씀으로 이어지는 것이다.

3절에서 두 번에 걸쳐 나오는 '알자'라는 단어와 6절에 '하나님을 아는 것을 원하노라'라고 할 때의 '아는 것'은 원어로 보면 '다아트'란 단어인데, 이는 '야다'에서 파생된 단어이다.

'야다' 역시 하나님을 아는 것을 뜻하는 단어로, 이는 배워서 아는 것이 아니라 경험해서 아는 것을 말한다. 부부가 부부생활을 통해 다른 사람들이 결코 알 수 없는, 나만 아는 배우자에 관한 지식을 아는 것을 '야다'라고 한다. 그러니 여기서 말하는 '하나님을 아는 지식'은 삶 속에서 인격적으로 경험하는 하나님을 의미하는 것이다.

이는 성경을 지식으로 아는 것도 중요하지만 내 삶 속에서 하나님을 알아가고자 갈망하는 마음이 중요하다는 것이다. 하나님을 향한 갈망하는 마음이 없으면 그것이 곧 영적 암흑기이다.

하나님을 아는 자의 배짱

우리가 하나님을 삶 속에서 알아가면 하나님께서는 우리에게 어떤 은혜를 주시는가? 먼저 세상을 살아갈 용기를 주신다. 사도행전 26장을 보면 바울이 아그립바 왕 앞에서 재판을 받는 죄수의 신분인데도, 얼마나 담대한지 모른다.

> 바울이 이르되 말이 적으나 많으나 당신뿐만 아니라 오늘 내 말을 듣는 모든 사람도 다 이렇게 결박된 것 외에는 나와 같이 되기를 하나님께 원하나이다 하니라 행 26:29

결박되어 재판 받는 죄수의 신분인데도 불구하고 "다 나와 같이 되기를 원한다"고 말할 수 있는 담대함과 용기, 정말 멋있지 않은가? 나는 우리 자녀들이 이렇게 살면 좋겠다. 세상 사람들 눈치나 보면서 비굴하게 사는 것이 아니라 어떤 상황 앞에서라도 담대하게 선포할 수 있는 용기가 우리 아이들에게 있기를 바란다.

그러기 위해서는 하나님을 향한 '다아트'가 있어야 한다. 내 삶 속에서 하나님을 늘 경험하며 그분과 더불어 사는 자들이 이런 담대함과 배짱을 가질 수 있다.

다니엘의 배짱은 또 어떤가? 다니엘서 6장에 보면 정치적으로 위기를 만난 다니엘의 모습이 그려진다. 다니엘을 시기한 정적들이 그를 함정에 빠뜨린 것이다.

그것은 곧 이제부터 삼십일 동안에 누구든지 왕 외의 어떤 신에게나 사람에게 무엇을 구하면 사자 굴에 던져 넣기로 한 것이니이다 단 6:7

그러자 다니엘이 어떻게 반응하는가?

다니엘이 이 조서에 왕의 도장이 찍힌 것을 알고도 자기 집에 돌아가서는 윗방에 올라가 예루살렘으로 향한 창문을 열고 전에 하던 대로 하루 세 번씩 무릎을 꿇고 기도하며 그의 하나님께 감사하였더라 단 6:10

다니엘의 배짱이 정말 대단하다. 이런 위기의 순간에 몰래 기도하는 것도 용기가 필요한데, 이처럼 늘 하던 대로 창문을 열어놓고 기도하는 그의 배짱은 어디에서 나온 것일까?

어릴 때부터 삶 속에서 경험할 수 있었던 하나님에 대한 지식이

돌이킴, 부흥의 시작

다니엘을 이토록 용감한 사람으로 만들지 않았을까? 이런 담대함은 그 사람의 성품에서도 나오지만, 하나님에 대한 지식에서부터 나오는 줄 믿는다.

영화로도 개봉되고 TV 다큐멘터리로도 방송되었던 〈일사각오〉를 보면, 주기철 목사님의 굳은 신앙 절개에 절로 감탄을 하게 된다. 주기철 목사님은 일제강점기 때 신사참배에 반대하여 끔찍한 고문을 당하다 옥사하셨는데, 그때 나이가 마흔 여섯이었다. 그 분의 46년의 삶을 한 단어로 요약한 것이 '일사각오'였다.

이것이 어떻게 가능한가? 그토록 모진 고통과 고문 속에서도 하나님의 말씀을 붙들고 순교할 수 있었던 주 목사님의 배짱은 어디서 나왔겠는가? 그 분이 평생에 걸쳐 하나님과 동행하며 쌓은 '하나님에 대한 다아트', 이것이 하나님을 향한 굳은 절개를 지킬 수 있는 배짱을 가져다주었다.

우리가 교회의 부흥을 갈망한다면, 우리 심령의 부흥을 간절히 갈망한다면 하나님을 더 알아가기로 결단하고 갈급해야 한다. 그럴 때 이 말씀이 우리의 삶 속에서 이루어질 것이다.

여호와여 주의 이름을 아는 자는 주를 의지하오리니
이는 주를 찾는 자들을 버리지 아니하심이니이다 시9:10

이 말씀이 우리의 삶에서 실제로 나타나게 되기를 바란다. 우리가 하나님을 알자. 힘써 알자. 그것이 우리 삶에 부흥의 회복으로 나타날 것이다.

돌이킴, 부흥의 시작

:: PART 3

약속, 꿈꾸게 하는 힘

#

말씀과. 기도는. 부흥의. 두 요소이다.
부흥의 현장에는 늘 말씀과 기도가 함께 등장했다.

우리의 기도가 달라지면 성령의 역사가 나타난다.

기도는 오로지 기도에 힘쓸 수밖에 없는 **상황**.

전적으로 하나님만
의지할 수밖에 없는 자만이 할 수 있다.
의지할 데가 없기 때문에 기도할 수밖에 없다.

기도는 외부의 조건을 바꾸기도 하지만.

나의. 내면을. 먼저. 바꾸어놓는다.

... *9*

부흥의 바람이 분다

우리는 연약하지만,

우리는 오늘 하루를 살기에도 버거워하지만,

기도할 때 하나님이 힘을 주신다.

부흥의 바람이 불게 하신다.

사도행전 1:6-8, 12-14 _____

그들이 모였을 때에 예수께 여쭈어 이르되

주께서 이스라엘 나라를 회복하심이 이때니이까 하니

이르시되 때와 시기는 아버지께서 자기의 권한에 두셨으니 너희가 알 바 아니요

오직 성령이 너희에게 임하시면 너희가 권능을 받고

예루살렘과 온 유대와 사마리아와 땅 끝까지 이르러 내 증인이 되리라 하시니라 …

제자들이 감람원이라 하는 산으로부터 예루살렘에 돌아오니

이 산은 예루살렘에서 가까워 안식일에 가기 알맞은 길이라

들어가 그들이 유하는 다락방으로 올라가니

베드로, 요한, 야고보, 안드레와 빌립, 도마와 바돌로매,

마태와 및 알패오의 아들 야고보, 셀롯인 시몬, 야고보의 아들 유다가 다 거기 있어

여자들과 예수의 어머니 마리아와 예수의 아우들과 더불어

마음을 같이하여 오로지 기도에 힘쓰더라

위대한 결단

'분수령'이라는 단어가 있다. 사전적 의미는 이렇다.

"어떤 사실이나 사태가 발전하는 전환점 또는 어떤 일이 한 단계에서 전혀 다른 단계로 넘어가는 전환점을 비유적으로 이르는 말."

그런가 하면 '분기점'의 사전적 의미는 이렇다.

"사물의 속성 따위가 바뀌어 갈라지는 지점이나 시기."

우리가 살아가다 보면 개인의 삶 속에서 분수령 혹은 분기점이 되는 사건을 만날 때가 종종 있다. 또한 역사적으로도 분수령 혹은 분기점이 되는 사건들이 있음을 보게 된다.

예를 들어, 사도 바울에게 있어서 다메섹 도상에서 주님을 만난 사건은 그의 인생을 완전히 뒤집어놓은 삶의 분기점이라 할 수 있다.

우리나라 역사 속 예를 들어보자면, 위화도회군(威化島回軍)을 빼

약속, 꿈꾸게 하는 힘

놓을 수 없다. 이성계 장군의 위화도회군이 없었더라면 우리나라 역사는 지금과는 완전히 다른 길을 가고 있었을 것이다. 아마 조선시대 자체가 존재하지 않았을지도 모른다. 그래서 위화도회군은 우리나라의 역사를 바꾸어놓은 분수령 혹은 분기점으로 회자되고 있다.

개인적으로 보면, 내 인생의 분기점을 이루는 사건은 미국시민권을 반납하고 한국으로 돌아온 사건이었다. 가족이 함께 미국으로 이민을 갈 때까진 내 의지가 전혀 반영되지 않았다. 가족들이 모두 가니까 난 당연히 가야 하는 것이었다. 하지만 이민생활을 접고 한국으로 돌아온 사건은 나 스스로 결단한 내 인생의 분수령 혹은 분기점을 이루는 사건이었다.

기독교 역사의 분수령

본문인 사도행전 1장 6-14절 말씀은 기독교 역사에 있어서 정말 중요한 분수령 혹은 분기점이라고 말할 수 있는 사건이다. 여기엔 부활하신 예수님이 승천하시는 장면이 담겨 있다.

예수님이 하늘로 올라가셨다. 이제 제자들은 더 이상 이 땅에서 예수님을 만날 수 없었다. 이것이 그들에게 얼마나 큰 불안과 두려움을 가져다주었겠는가?

사복음서에 나타난 제자들의 모습을 생각해보라. 예수님 없는 그들의 모습은 그야말로 무기력하기 짝이 없는 오합지졸이었다. 마태복음 17장에서도 이런 제자들의 무력한 모습을 볼 수 있다.

예수님은 베드로와 야고보와 요한을 따로 데리고 높은 산에 올라가셨다. 그리고 그곳에서 우리가 잘 아는 영광스런 모습으로 변형되시는 사건이 있었다. 그런데 그 사이 예수님 없이 산 아래 머물던 나머지 제자들은 수치스런 자리에 빠져 있었다.

주여 내 아들을 불쌍히 여기소서 그가 간질로 심히 고생하여 자주 불에도 넘어지며 물에도 넘어지는지라 내가 주의 제자들에게 데리고 왔으나 능히 고치지 못하더이다 마 17:15,16

간질로 고생하는 아들을 둔 한 사람이 아들을 고쳐달라고 제자들에게 찾아왔으나 고치지 못한 것이다. 예수님이 안 계시자 이렇게 무기력한 모습을 보이며 부끄러운 자리에 빠지는 자들이 예수님의 제자들이었다.

이런 것들을 수없이 경험했던 제자들이니, 이제 예수님이 승천하시고 더 이상 그들 곁에 계시지 않는다는 것은 제자들에게 말로 다 할 수 없는 불안과 두려움을 가져다주는 일이었을 것이다. 그렇게 불안해하던 제자들에게 예수님이 대안을 주신다.

약속, 꿈꾸게 하는 힘

오직 성령이 너희에게 임하시면 너희가 권능을 받고 예루살렘과 온 유
대와 사마리아와 땅 끝까지 이르러 내 증인이 되리라 하시니라 이 말
씀을 마치시고 그들이 보는데 올려져 가시니 구름이 그를 가리어 보
이지 않게 하더라 행 1:8,9

내가 이 말씀을 기독교 역사의 분수령으로 보는 이유가 여기에
있다. 당시 제자들 앞에는 두 갈래 길이 놓여 있었다. 하나는 이제
더 이상 예수님이 계시지 않는 이 땅에서, 더 이상 예수님의 영향을
받을 수 없는 상황 속에서 예전처럼 무기력하고 부끄러운 영적 암흑
기로 돌아가는 것이다. 또 다른 길은 예수님이 주신 대안, 곧 예수
님이 주신 약속으로 향하는 것이다. 이는 주님의 약속대로 성령님
과 더불어 새로운 차원의 영적 부흥을 맞이하는 것이었다.

위대한 결단

이 두 갈래 길 앞에서 제자들은 결단을 내린다. 나는 이것을 '위대한
결단'이라고 표현하고 싶다. 제자들은 어떤 선택을 했는가?

여자들과 예수의 어머니 마리아와 예수의 아우들과 더불어
마음을 같이하여 오로지 기도에 힘쓰더라 행 1:14

나는 그 상황에서 제자들이 보여주었던 이 행동이 기독교 역사를 바꾸어놓았다고 생각한다. "오로지 기도에 힘쓰더라"로 나타나는 그들의 결단이 초대교회 태동의 모체가 되었고, 이후에 성령님의 강한 역사와 초대교회 부흥으로 연결되는 시발점이 되었기 때문이다.

또 사도행전의 이후 전개를 보면, 초대교회는 위기가 찾아올 때마다 "오로지 기도에 힘쓰더라"의 정신을 가지고 그 위기를 넘겨왔다는 것을 알 수 있다. 위기가 닥칠 때마다 기도로 그 위기를 극복해내는 일의 반복이 사도행전이다.

그런 대표적인 예를 사도행전 6장에서 볼 수 있다. 그동안 성령의 충만함 안에서 서로 마음을 같이하여 신앙생활 하던 초대교회 안에 위기가 발생했다. 구제 문제로 성도들의 마음이 나뉘어 두 편으로 갈라지게 된 것이다.

그때에 제자가 더 많아졌는데 헬라파 유대인들이 자기의 과부들이 매일의 구제에 빠지므로 히브리파 사람을 원망하니 행 6:1

지금까지 목회를 해오면서 알게 된 것은, 교회가 중차대한 진리의 문제로 갈라지는 일은 거의 없다는 것이다. 교회가 갈라지는 것은 대개 이런 문제들이다.

"왜 저 사람에게는 떡을 두 개 주고, 내게는 한 개만 줍니까?"

초대교회도 이런 문제로 마음이 갈라지는 상황을 맞게 된 것이다. 이때 만약 지도자들인 사도들이 이 문제를 얼렁뚱땅 대충 넘기려 하거나 정치적으로 풀려 했다면 교회는 필시 갈라지고 말았을 것이다. 그런데 이런 위기가 찾아왔을 때 사도들은 놀라운 결단을 내렸다.

형제들아 너희 가운데서 성령과 지혜가 충만하여 칭찬 받는 사람 일곱을 택하라 우리가 이 일을 그들에게 맡기고 우리는 오로지 기도하는 일과 말씀 사역에 힘쓰리라 하니 행 6:3,4

"오로지 기도에 힘쓰더라"의 정신으로 돌아간 것이다. 교회가 어려움을 만날 때 이 정신을 회복하면 문제 될 게 없다. 이렇게 가지 않고 인간적인 방법이나 편법을 쓰거나 자꾸 가리고 숨기려고 하기 때문에 문제가 생긴다.

나는 이 말씀이 우리 교회는 물론이고 이 땅의 모든 교회들에게 주시는 하나님의 지침이라고 생각한다.

"문제가 생기면 오로지 기도하는 일과 말씀 사역에 힘쓰겠다."

이것이 초대교회와 사도행전에 흐르는 정신이다. 이 정신이 오늘날 최대의 위기를 맞고 있다고 하는 한국 교회에 온전히 회복되기를, 그래서 다시 한 번 진정한 부흥을 맛보게 되기를 바라고 소망한다.

위대한 기도

그런가 하면 사도행전 4장에서는 또 다른 차원의 위기를 맞은 초대 교회의 모습이 그려진다. 복음을 전하던 베드로와 요한이 붙잡혀 협박을 당하는 사건이 발생한 것이다. 이런 위기의 상황이 찾아오자 성도들은 합심해서 기도하기 시작했다.

그들이 듣고 한마음으로 하나님께 소리를 높여 이르되 행 4:24

지도자들에게 핍박이 있고 교회에 문제가 생기자 전 성도가 합심하여 기도하는 모습도 아름답지만, 그들이 드린 기도의 내용은 더욱 놀랍다.

주여 이제도 그들의 위협함을 굽어보시옵고 또 종들로 하여금 담대히 하나님의 말씀을 전하게 하여주시오며 손을 내밀어 병을 낫게 하시옵고 표적과 기사가 거룩한 종 예수의 이름으로 이루어지게 하옵소서 하더라 행 4:29,30

나는 이 본문을 묵상하면서 이런 가정을 해보았다.
'만약에 우리였다면 이럴 때 어떤 기도를 드렸을까?'
혹시 이렇게 기도하지는 않았을까?

"주여, 그들의 위협을 물리쳐주옵소서!"

그런데 초대교회 성도들은 그렇게 기도하지 않았다. 그들은 위협을 물리치게 해달라는 기도가 아니라, 그 위협 앞에서도 굴하지 않는 담대함을 달라고, 그것이 가능하도록 예수 그리스도의 이름이 능력을 나타낼 수 있게 해달라고 기도했다. 나는 그들이 드린 이 기도가 놀랍다.

그래서 이 말씀을 묵상하면서 기도와 관련하여 우리가 회개해야 할 두 가지가 떠올랐다. 하나는 죽어라고 기도하지 않는 우리의 태도이다. 자신을 돌아보라. 마치 기도하면 죽을 사람처럼 목숨 걸고 안 한다. 기도를 안 해도 너무하다 싶을 정도로 안 한다.

두 번째는 설령 기도를 한다 해도 그 내용이 너무 어린아이 같다는 것이다. 전부 "주시옵소서" 아니면 "주님이 해주시옵소서"이다. 기도하는 모습을 보면 아기도 이렇게 어린 아기가 없다. 부끄러운 우리의 모습이다.

여기에 비해 초대교회 성도들의 기도는 성숙하다. 위협과 위기 속에서도 "담대히 하나님의 말씀을 전하게 하옵소서"라고 기도했다.

이런 기도를 드리니 초대교회는 밟으면 밟을수록 더 일어났다. 핍박하면 핍박할수록 더 일어났다. 그들이 드린 담대한 기도가 그런 능력을 만들었다. 우리는 어떤가? 조금이라도 밟힐라치면 금세 죽어버린다. 나약한 어린아이처럼 "보호해주소서, 살려주소서, 해결해주소서"라고 기도할 뿐이다.

기도의 내용이 달라지면 신앙의 핵심이 달라진다. 그래서 위협이 많아질수록 더 담대해지고, 그 위협과 맞서기 위해 더 강력한 하나님의 능력이 나타나는 신앙생활을 누리게 된다. 이런 능력 있는 신앙생활을 원한다면 사도행전에 나타나는 이 아름다운 기도의 정신을 배워야 한다.

성숙한 기도가 부흥으로 이어진다

그들의 성숙한 기도는 어떤 결과를 가져왔는가?

빌기를 다하매 모인 곳이 진동하더니
무리가 다 성령이 충만하여
담대히 하나님의 말씀을 전하니라 행 4:31

초대교회에 나타났던 하나님의 강력한 역사하심은 모두 기도와 연관되어 있다. 우리의 기도가 달라지면 성령의 역사가 나타난다. 우리의 기도가 성숙해지면 우리 안에서 일하시는 성령님이 우리의 삶 가운데서 역사하시는 것을 목도하게 될 줄 믿는다.

이런 패턴은 사도행전에만 나오는 게 아니다. 구약성경에도 다양

 약속, 꿈꾸게 하는 힘

한 부흥운동의 사례들이 열거되어 있다. 예를 들어, 사무엘상 7장에 기록된 미스바에서의 부흥, 느헤미야서 8장에 기록된 수문 앞 광장에서의 부흥 등이다. 이 두 사건의 공통점은 말씀의 선포가 먼저 있고 그 후에 말씀을 깨달은 사람들이 기도하는 자리로 나아갔다는 데 있다.

말씀과 기도의 조화는 부흥의 두 요소이다. 이는 성경에만 나오는 이야기가 아니다. 기독교 2천 년 역사 가운데 일어났던 부흥의 현장에는 늘 말씀과 기도가 함께 등장했다. 우리나라의 평양대부흥 때도 마찬가지였다.

인간적인 관점에서 보자면 그저 우리가 기도해서 부흥이 일어났다고 여길 수 있다. 하지만 하나님의 관점에서 보면 동전의 양면처럼 달라진다. 하나님은 개인의 인생이나 인류의 역사 할 것 없이, 중요한 분수령을 가져다주는 사건을 맞닥뜨릴 때 우리로 기도하게 하신다. 그래서 그 결과로 기도를 통해 분수령과 같은 부흥이 일어나게 되는 것이다.

우리 교회의 개척 과정도 좋은 사례이다. 나는 개척을 시작할 때 70평 정도 되는 조그마한 상가를 얻어서 교회를 개척하려고 했다. 그런데 하나님께서 막으셨다. 그때는 영문을 몰라 마음고생을 많이 했지만, 지금 돌아보면 만 평이나 되는 넓은 송림중고등학교를 예비해두셨기 때문에 그 상가로 들어가지 못하도록 막으신 것이었다.

그런데 중요한 것은 송림중고등학교 강당을 빌리는 과정이었다. 학교 강당을 빌리는 과정에서 계약이 될 듯 될 듯 하면서 잘 풀리지 않았다. 그야말로 수개월간 애태우는 과정을 거쳤다.

하나님은 왜 이런 과정을 거치게 하셨을까? 기왕에 분당우리교회를 송림중고등학교로 인도하실 계획을 갖고 계셨으면 요즘 아이들 말로 쌈빡하게 그냥 주시지, 왜 그렇게 질질 끄셨을까? 될 듯 말 듯 하다가도 계속 진척 없던 그 몇 달 동안 나는 피가 마르는 기분이었다. 그 애타는 마음으로 금식하며 기도했다.

오랜 시간이 지난 지금, 그때의 상황을 되돌아보면 개척 초기에 교회를 시작하려던 시점에서 하나님께서 뭘 원하셨는지 파악이 된다. 하나님께서는 나와 개척 멤버들에게 오직 하나님만 의지하기를, 그리고 그 마음으로 절박하게 기도하기를 원하셨던 것이다.

나는 확신한다. 하나님께 이끌린 그 절박한 기도를 통해 하나님께서 오늘의 분당우리교회를 세워주셨다고.

이런 하나님의 원리를 우리 삶에 잘 적용해야 한다. 하나님은 개인의 인생이나 교회의 역사 속에서 어느 분기점을 주실 때 기도하게 하신다. 기도하되, 절박하게 기도하게 하신다. 하나님의 이 마음을 파악해야 한다.

이 부분에서 회개할 것은 없는가? 하나님께선 분명 기도의 상황으로 몰아가시는데, 여전히 기도하지 않는 우리의 어리석음으로 놓

약속, 꿈꾸게 하는 힘

친 은혜가 얼마나 많았겠는가? 기도하지 않음으로 인해 놓친 하나님의 놀라운 계획들은 또 얼마나 많았을까? 이 문제를 깊이 돌아봐야 한다.

변화의 능력

그렇다면 여기서 이런 질문이 가능하다. 대체 기도가 무엇이기에 인생과 역사를 뒤바꾸는 놀라운 도구가 되는 것인가? 그것은 기도가 가진 속성 때문이다. 기도는 변화의 능력을 가져다주는 도구이다.

우리는 기도가 외부 환경을 바꾸어줄 것으로 생각하지만, 그보다 먼저 바뀌는 것이 있다.

"하나님, 남편이 좀 바뀌게 해주세요!"

하지만 기도 한 번에 남편이 확 바뀌는 일은 일어나지 않는다. 이상한 남편 만나 울며불며 기도해도 남편은 그리 쉽게 바뀌지 않는다. 그런데 오래 기도하는 과정 속에서 자기 자신이 바뀌게 된다. 남편을 용납할 수 있는 넓은 마음이 생긴다. 남편이 변하지 않았는데도 마음이 불편하지 않다. 그리고 그 결과로 남편이 변화되는 놀라운 은혜를 겪기도 한다. 이처럼 기도는 외부의 조건을 바꾸는 도구가 되기도 하지만, 나의 내면을 먼저 바꾸어놓는다. 필립 얀시가 쓴 《기도》를 보면 이런 내용의 글이 있다.

"신앙은 기도하는 만큼 자라고 신앙인의 인격도 기도하는 만큼 변화한다."

이 문장이 내 마음을 울렸다. 목사 안수 받는다고 인격이 변화되는 게 아니라 기도해야 인격이 변한다. 권사 직분 받았다고 신앙이 변하는 게 아니라 기도해야 변한다.

누가가 목격한 기도의 능력

이런 관점으로 사도행전을 보면 놀라운 은혜가 있다. 사도행전은 의사인 누가가 기록했다. 흥미로운 것은 누가는 예수님의 제자가 아니었다는 것이다. 예수님의 제자가 아닌 정도가 아니라 살아생전에 예수님을 만나본 적도 없는 사람이다. 게다가 놀랍게도 그는 유대인이 아니라 이방인이었다. 예수님과 동고동락했던 사도들에 비하면, 그는 거의 초신자라고 할 수 있었다.

그는 의사로서 사도 바울의 선교여행에 주치의처럼 동행했던 인물이었다. 초신자 같은 누가는 초대교회에서 일어나는 복음의 역사를 보고 너무나 놀랐다. 인격이 변하고, 가정이 뒤집어지고, 삶의 변화가 일어나는 역사를 보고 놀란 것이다.

'어떻게 이런 일이 가능한가?'

약속, 꿈꾸게 하는 힘

의사로서 탁월한 분석력을 가진 누가는 이 일들을 보며 그 모든 역사의 중심에 기도가 있음을 알게 되었다. 그중에서도 예수님의 기도를 보고 배운 것이 사도들과 초대교회의 능력의 원동력이 되었음을 발견했다. 그렇기 때문에 누가가 기록한 다른 성경인 누가복음에는 예수님이 기도하시는 모습이 유난히 많이 기록되어 있다. 그런 예수님의 모습과 함께 절대로 기도하지 않던 제자들의 모습이 대비되어 있다.

그런 제자들이 예수님이 승천하신 후에 드디어 함께 모여 기도한다. 그 일은 성령의 강력한 역사를 경험하고 예수님에게 배운 기도를 행하기 시작하는 분수령이 되었다. 다름 아닌 기도가 사도행전의 역동적이고 놀라운 변화의 원동력이란 말이다.

그렇다면 우리가 하나님께 드리는 기도가 능력 있는 기도가 되기 위해서는 어떻게 하면 좋을까?

하나님을 인정해드리는 것

첫째, 기도를 인격체 되신 하나님을 인정해드리는 행위로 이해해야 한다.

모든 종교에는 각각의 기도가 있다. 불교에서 기도에 쏟는 정성은 기독교와는 비교가 안 된다. 우리는 그냥 앉아서 기도하지만 불교 신자들은 앉았다 일어났다 하면서 관절이 아프도록 기도한다. 얼마나 정성껏, 얼마나 오래 기도하는지 모른다.

어떤 종교에선 달을 보고 기도하기도 하고, 물을 떠놓고 기도하기도 하고, 나무나 돌을 보고 기도하기도 한다. 모두가 "이루어주옵소서"라고 부르짖는다. 이처럼 종교마다 '기도'라는 행위가 있다면, 기도와 관련하여 기독교가 갖는 독특성은 무엇일까?

모든 종교에 기도라는 행위가 있지만, 다른 종교들에서는 자기들이 믿는 신과 인격적인 교제를 갖지 않는다. 달을 보고 빌지만, 달과 교제하진 않는다. 나무를 향해 빌지만, 나무와 인격적인 교제를 할 순 없다. 그들도 그 사실을 안다.

하지만 우리의 아버지 되시는 하나님은 인격을 가지신 분이다. 인격을 가진 존재는 모두 존중 받기를 원한다. 그리고 인격적인 교제를 나누기 원한다. 그렇기 때문에 인격을 가지신 우리 하나님은 우리와 교제를 나누기 원하신다. 이것이 나무에게 빌고 달에게 비는 종교와 기독교의 결정적인 차이이다.

이런 면에서 본다면 하나님과 인격적인 교제를 나누지 않는 것은 큰 잘못이다. 하나님을 마치 나무나 돌멩이나 달처럼 취급하여, 하나님께 무언가 달라고 요구할 때 외에는 기도하지 않는 태도는 아주 잘못된 것이다.

하나님은 인격을 가지신 분이다. 그렇기 때문에 그분은 우리와

약속, 꿈꾸게 하는 힘

교제하기 원하신다. 그럼에도 그분과 인격적인 교제를 나누는 데는 관심 없고 우리의 욕심을 따라 무언가를 구하는 것 외에는 전혀 기도에 힘쓰지 않는 것, 이것이 우리 신앙의 근본적인 침체 원인이다.

기도와 사랑에 빠져라

딸아이가 삼수를 거쳐 드디어 자기가 원하는 대학에 들어갔다. 이 과정에서도 하나님의 일하심이 정말 놀라웠다. 딸아이의 교만을 다 꺾으시고 납작 엎드리게 만드셨다. 두 해에 걸친 입시 실패를 경험한 딸아이는 원서를 쓰고부터 자진해서 새벽기도에 나왔다. 그 정성이 눈물겨웠다. 눈이 펑펑 쏟아지는 새벽에도, 영하 20도를 밑도는 강추위에도 딸아이는 한결같이 주님 앞에 나와 기도했다. 그렇게 간절히 부르짖더니 드디어 합격 소식을 듣게 되었다.

그런데 자기가 원하는 대학에 합격했다는 소식을 들은 다음날부터 바로 새벽기도에 가지 않았다. 그것을 본 내가 우스갯소리 삼아 한 마디 했다.

"너도 너무하다. 하나님께 염치가 있으면 아무리 합격 소식을 들었다 해도 형식적으로라도 한 2,3일은 더 나가야 하는 것 아니니? 어떻게 응답받았다고 딱 그날부터 안 나갈 수가 있니?"

그랬더니 자기도 민망한지 그래도 큐티는 계속하고 있다며 배시

시 웃었다.

딸아이가 보인 기도의 패턴이 우리의 모습은 아닌가? 기도라는 것은 무언가 원하는 것을 얻어내기 위한 수단이고, 원하는 것을 얻어낸 다음에는 이제 거래가 끝났으니 더 이상 하나님을 찾을 필요가 없다고 여기는 것, 이런 생각들이 우리의 신앙을 제한시키고 능력을 경험할 수 없는 무기력으로 끌어내린다.

《기도와 사랑에 빠져라》라는 책의 부제는 이렇다.

"기도와 사랑에 빠져라. 그러면 하나님과 사랑에 빠진다."

이 책의 부제가 내게 큰 의미로 다가왔다. 리처드 포스터도 비슷한 말을 했다.

"참된 기도는 말에서 나오는 것이 아니라 사랑에 빠졌을 때 나온다."

시편에 이런 기도가 나온다.

여호와께서 내 음성과 내 간구를 들으시므로 내가 그를 사랑하는도다 그의 귀를 내게 기울이셨으므로 내가 평생에 기도하리로다

시 116:1,2

여기에 기도의 진짜 중요한 내용이 담겨 있다. "대학 합격시켜주

약속, 꿈꾸게 하는 힘

세요, 취직시켜주세요, 이것 주세요, 저것 주세요"와 같이 원하는 것을 구하는 도구로서의 기도가 아니라 기도의 진짜 중요한 내용 말이다. 기도는 하나님을 사랑하는 것이다. 내 간구를 들으시는 하나님과 교제를 나누는 것이다.

주님과 만나는 시간

기도는 하나님과의 관계이다. 이 사실을 깨닫고 나자 내 인생에 혁명이 일어났다. 목회를 하는 내게 가장 행복한 순간은 새벽시간이다. 물론 성도들 앞에서 설교하는 시간도 행복하지만, 진짜 나를 행복하게 하고 삶의 활력을 가져다주는 것은 하나님과 독대하는 새벽시간이다.

새벽에 일어나 조용히 하나님과 독대하며 하나님의 말씀을 묵상하고 경청하고 기도하는 시간이 내게 얼마나 큰 행복인지 모른다. 전날 힘든 일로 마음이 상하고 무너졌다 하더라도, 짧은 숙면 뒤에 갖는 새벽시간은 내가 금방 회복되게 하는 원동력이다.

뿐만 아니라 새벽에 가지는 묵상을 통해 이 시대를 향한 하나님의 마음을 깨닫게 되기도 하고, 그 하나님을 위해 내가 무엇을 해야 할지 자각하기도 한다. 이처럼 기도란 것은 하나님께 무언가를 얻어내기 위한 도구가 아니라 하나님과 진실한 관계를 유지하게 만드는 소중한 시간이 되는 것이다.

일상의 모든 순간에 드리는 기도

새벽시간에 묵상을 통해 만나는 하나님과의 교제도 행복하지만, 그 시간뿐만 아니라 일상생활 속에서 눈을 뜨고 짬짬이 드리는 기도의 순간도 기쁘고 행복하다.

한번은 서울에 있는 어느 병원에서 장례식 발인예배를 인도하게 되었다. 보통 새벽 시간에는 차가 잘 안 막히는데, 그날따라 새벽부터 차가 막히더니 지각을 하게 생겼다. 장례식 발인예배를 인도해야 하는 목사가 지각이라니, 속이 탔다. 간혹 이런 상황을 만날 때면 운전대를 붙잡고 눈을 뜬 채 하나님께 기도한다.

"하나님, 제가 잘못했습니다. 다음부터는 더 일찍 준비해서 나가겠습니다. 그런데 오늘 일은 어떻게든 수습해야 하지 않겠습니까? 지각하지 않도록 주님이 도와주세요!"

혹은 이런 경우도 있다. 급하게 나가야 하는데 차 열쇠를 찾을 수가 없다. 그러면 눈은 차 열쇠를 찾느라 두리번거리며 재빨리 기도한다.

"하나님, 제가 지금 빨리 나가야 하는데 자동차 열쇠가 안 보입니다. 다음부터는 정한 곳에 둘 테니 오늘은 주님이 찾을 수 있도록 도와주세요!"

이처럼 일상 속에서 주님의 존재를 인식하며 순간순간 그분을 의지할 때, 주님이 내 곁에 계심을 더욱 절실히 느끼곤 한다.

몇 년 전 아내가 이런 말을 한 적이 있다. 자기는 신혼 때보다 지금이 훨씬 더 행복하다고. 그 말에 나도 공감하며 동의했다. 감정이 짜릿했던 신혼 때보다 지금이 훨씬 더 좋은 것은 나와 아내 사이에 하나님이 개입하시도록 하는 법을 배웠기 때문이다.

혹시라도 내가 아내에게 상처를 주면 아내는 하나님께 일러바친다. 나도 아내에게 서운한 것이 있으면 하나님께 이른다. 그렇게 우리 사이에 하나님이 개입하시면 내가 받은 상처에만 몰입하여 상대방을 향해 핏대를 세우기보다 하나님의 눈으로 서로를 바라보게 된다.

이처럼 기도는 너무나 아름다운 도구이다. 시편에 담긴 다윗의 기도를 보라. 시편에는 인간의 희로애락(喜怒哀樂)이 다 담겨 있다. 좋고 아름다운 기도만 기록되어 있는 게 아니다. 다윗은 하나님께 섭섭한 마음, 힘든 마음까지 다 쏟아놓았다. 때로는 "나를 해하려 하는 저 사람에게 복수해주세요"라는 요청도 담겨 있다. 자신이 가진 감정이 솔직하게 다 담겨 있다. 이것이 하나님과 교제를 나누는 기도이다.

하나님을 전적으로 의지하는 것

둘째, 기도가 능력의 도구가 되게 하기 위해서는 기도를 하나님에 대한 전적 의존의 문제로 이해해야 한다.

예수님이 승천하신 후에 제자들은 기도하는 것 외에 할 수 있는 것이 아무것도 없었다. 그렇기에 그들은 "마음을 같이하여 오로지 기도에" 힘쓸 수밖에 없었다(행 1:14). 기도는 오로지 기도에 힘쓸 수밖에 없는 상황, 전적으로 하나님만 의지할 수밖에 없는 상황을 이해하는 자만이 할 수 있다.

우리나라에 기독교가 처음 들어왔을 때, 선교사들과 교회 지도자들은 술과 담배를 금지시켰다. 어릴 때는 이것이 야속했다. 대학에 가서도 불편한 게 한두 가지가 아니었다.

또 설교를 준비하다가 문장 하나 놓고 한 시간씩 씨름할 때가 있는데, 그럴 때면 너무 답답하다. 글을 쓰는 작가들의 이야기를 들어보니, 그럴 때 담배 한 대 피우면 아이디어가 딱 떠오른다고 한다. 그 얘기를 들으니 담배가 허용되어서 설교 준비하다가 막힐 때 피울 수 있으면 얼마나 좋았을까 싶은 생각이 들었다.

그런데 여기서 깨달은 게 하나 있다. 바로 그렇기 때문에 담배가 금지되어야 한다는 것이다. 말씀이 안 풀릴 때 하나님의 도우심 외에 다른 힘을 빌리는 건 나쁜 일이다. 담배의 힘을 빌려 하나님의 말씀을 준비한다는 것은 말이 안 된다.

술도 마찬가지다. 목회가 얼마나 힘든 일인가? 좋은 성도들도 많지만 어렵게 하는 성도들도 한 명씩은 꼭 있다. 그런 분들이 찔러대면 마음이 힘들고 괴롭다. 그럴 때 집에 가서 아내와 술 한 잔 하면서 스트레스를 풀면 좋을 텐데, 이것 역시도 곤란한 일이다.

왜냐하면 괴로운 일이 있을 때 하나님을 의지해서 하나님께 위로받지 않고 다른 무엇의 도움을 구하려는 시도는 잘못된 것이기 때문이다. 만약에 목회자들에게 술이나 담배가 허용되었다면 나는 이미 알코올에 중독되어 빨개진 코로 설교하고 있을지도 모를 일이다.

이런 것들이 다 배제된 채로 목회를 해야 하니, 의지할 데가 없기 때문에 기도할 수밖에 없다. 기도는 다른 무엇이 아닌 하나님 외에는 의지할 데가 없는 상태임을 자각하는 사람만이 사용할 수 있는 도구이다.

얼마 전, 새벽에 설교 준비를 하다가 이메일을 확인하고는 깜짝 놀란 적이 있다. 잘 아는 전도사님의 딸이 교통사고를 당했다는 내용이었다. 어깨와 팔, 고관절이 부러졌고, 갈비뼈가 부러지면서 폐에 기흉도 생기고, 얼굴도 꿰매야 하고, 온몸 여러 곳에 타박상을 입은 심각한 상황이었다. 전도사님은 내게 상황에 대한 설명을 하면서 기도를 부탁했다.

목사님, 수요일 저녁예배를 마치고 집에 돌아와 잠자리에 들었는데 새벽 12시 30분에 순천향대학병원에서 걸려온 한 통의 전화를 받고 놀라 달려갔습니다. 응급실에 누워 있는 딸은 피투성이가 되어 차마 볼 수 없는 지경이었습니다. 남편은 눈물이 나는지 더 못 보더라고 요. 딸은 "엄마, 미안해. 깨어보니 여기 있어요. 엄마 아빠를 다시 볼 수 있어서 너무 감사해요"라면서 울었습니다. 저는 우는 딸에게 "우리 예쁜 딸, 이렇게 함께 얘기하고 볼 수 있어서 고마워. 나는 너를 천국 가서 보는 줄 알았다"라고 했습니다.

목사님, 사실 처음 전화를 받았을 때는 속으로 '주님, 목숨만 살려주세요'라고 기도했지요. 그랬는데 3일이 지난 지금은 폐에 출혈도 멈추었고, 기흉도 빠지고, 박았던 호스도 뺐습니다. 폐도 정상으로 회복되고 있다며 수술은 하지 않아도 된다고 하네요. 첫날은 한쪽 폐가 심하게 찌그러져 호스 밖으로 피가 나오고 있던 상황이었거든요. 골절된 고관절과 팔은 수술을 하지 않아도 되지만 한 달 정도 누워서 안정을 취해야 하고, 부러진 어깨만 수술 날짜 받아 놓고 있습니다. 지금은 병원에서 딸을 간호하며 100가지 감사기도를 적어가고 있습니다.

첫째, 하나님이 우리 아버지가 되셔서 이 모든 일을 주관하시고 선하게 하실 것을 찬양합니다.

둘째, 29년 동안 딸을 통해 많은 기쁨을 주셨는데 또 이렇게 주님과의 깊은 스토리를 갖게 해주셔서 감사합니다.

약속, 꿈꾸게 하는 힘

셋째, 딸아이가 "엄마, 나 일상으로 돌아갈 수 있을까요? 계속 같은 자세로 꼼짝 못하고 누워 있으니 허리가 너무 아파요. 그냥 서 있는 것, 가고 싶은 곳 가는 것, 볼 수 있는 것, 잊고 있었던 소중한 것들이 너무 많아요"라며 자기가 평상시에 누리던 모든 게 다 감사였음을 깨닫게 되어 감사합니다.

넷째, 자신의 일처럼 한 마음으로 중보기도 해주고 물심양면으로 사랑해주는 지체들이 있어서 감사합니다. 믿음의 공동체의 섬김은 천국 생활이 이런 것이라는 평안과 기쁨을 주었습니다.

…

이렇게 현실 그대로 느낀 점을 한 줄 한 줄 써내려간 감사가 60가지가 넘었습니다.

목사님, 새벽 3시에 갑자기 잠이 깨어 목사님 생각이 많이 났습니다. 지금은 주일 새벽, 말씀 준비에 가장 심혈을 기울이는 시간이겠네요. 저도 너무 부족하지만 목사님을 위해서 기도드려요.

비록 가슴 아픈 사연을 담은 이메일이었지만, 그럼에도 이 편지를 읽는 동안 큰 감동이 밀려왔다. 이분은 기도하는 분이다. 기도의 내공이 쌓여 있는 분이다. 그렇기에 지금 딸이 교통사고로 만신창이가 되어 있음에도 절망에 빠지지 않고 감사제목을 쓸 수 있는 것이다. 이런 내공은 기도하는 사람에게서 나온다. 기도는 이론을 쌓는 게 아니라 실제로 하는 것이다.

우리 각자의 자리에서 기도가 일어나게 되기를 바란다. 우리 교회가, 한국 교회가 말만 많이 떠들어대는 교회가 아니라 기도하는 교회가 되기를 바란다. 이분처럼 위기가 찾아올 때, 놀라운 일이 일어날 때 절망으로 빠지지 않고 60가지 감사제목을 써낼 수 있는 내공을 가진 성숙한 신앙인들이 되기를 바란다.

우리는 연약하지만, 우리는 오늘 하루를 살기에도 버거워하지만 기도할 때 하나님이 힘을 주신다. 부흥을 경험케 하신다. 오직 주님만을 의지하는 기도로 부흥의 능력을 체험하는 우리 모두가 되기를 간절히 바란다.

약속, 꿈꾸게 하는 힘

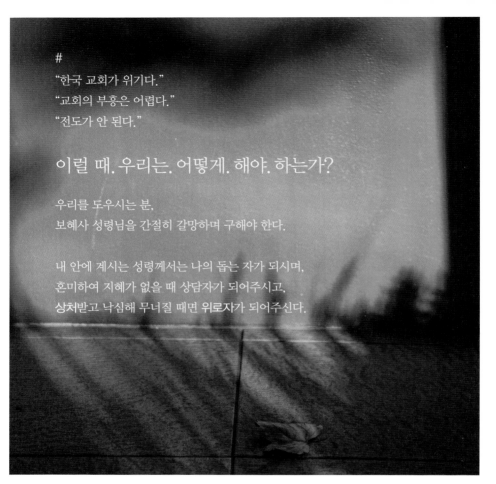

#
"한국 교회가 위기다."
"교회의 부흥은 어렵다."
"전도가 안 된다."

이럴 때. 우리는. 어떻게. 해야. 하는가?

우리를 도우시는 분,
보혜사 성령님을 간절히 갈망하며 구해야 한다.

내 안에 계시는 성령께서는 나의 돕는 자가 되시며,
혼미하여 지혜가 없을 때 상담자가 되어주시고,
상처받고 낙심해 무너질 때면 **위로자**가 되어주신다.

10

성령과 함께라면

우리 시대에도. 부흥은. 가능하다.
회복은 가능하다.

그런데 조건이 하나 있다.
우리 곁에서 도우시는 보혜사 성령님이
근심하지 아니하시고 일하실 때 가능하다.

성령님이. 곁에. 계시면. 가능하다.

오순절 날이 이미 이르매 그들이 다 같이 한곳에 모였더니

홀연히 하늘로부터 급하고 강한 바람 같은 소리가 있어

그들이 앉은 온 집에 가득하며

마치 불의 혀처럼 갈라지는 것들이 그들에게 보여

각 사람 위에 하나씩 임하여 있더니

그들이 다 성령의 충만함을 받고

성령이 말하게 하심을 따라

다른 언어들로 말하기를 시작하니라

부끄럽지 않을 수 있을까?

나는 〈일사각오〉를 극장에서 보았다. 개봉일을 기다렸다가 제일 첫 시간에 아는 목사님과 같이 봤다. 앞에서도 언급했듯이, 이 영화는 일제강점기에 신사참배 강요에 굴하지 않고 끝까지 저항하다 순교하신 주기철 목사님의 일대기를 그리고 있다.

그런데 그 영화를 보다 보니 눈에 들어오는 구도가 있었다. 영화에 등장하는 많은 목사님들이 두 부류로 나누어지는 것이다. 주기철 목사님처럼 하나님 앞에서 부끄럽지 않은 목사와 진리보다 현실을 택하여 하나님 앞에서 부끄러운 목사. 이렇게 두 부류로 나누어지는 영화 속 인물들을 보면서 많은 생각을 하게 되었다.

이것은 오늘날도 마찬가지 아닌가. 세상은 달라졌고 육체적으로 핍박을 가하는 시대는 아니지만, 오늘 이 시대의 목회자들도 둘로

약속, 꿈꾸게 하는 힘

나뉘는 것 같다. 하나님 앞에 부끄럽지 않은 목사, 하나님 앞에 부끄러운 목사.

그러다 보니 영화를 보면서 계속 머릿속에 머무는 생각이 있었다.

'나도 주기철 목사님처럼 하나님 앞에 부끄럽지 않은 종이 되면 좋겠다.'

이 생각은 영화관을 나온 후에도 계속되었다.

'어떻게 하면 주 목사님처럼 하나님 앞에서 부끄럽지 않은 목사가 될 수 있을까?'

그러면서 불쑥 떠올랐던 게 요한복음 14장 16,17절 말씀이었다.

내가 아버지께 구하겠으니

그가 또 다른 보혜사를 너희에게 주사

영원토록 너희와 함께 있게 하리니

그는 진리의 영이라

세상은 능히 그를 받지 못하나니

이는 그를 보지도 못하고 알지도 못함이라

그러나 너희는 그를 아나니

그는 너희와 함께 거하심이요

또 너희 속에 계시겠음이라 요 14:16,17

예수님은 여러 차례 이 약속의 말씀을 주셨다. 예수님이 승천하신 지금, 제자들은 그간 자신들의 경험을 통해 뼈저리게 깨달은 것이 있다. 그것은 자신들은 예수님이 없으면 오합지졸에 불과하다는 사실이다.

그러다 보니 예수님의 부재라는 현실이 두려움 그 자체였을 것이다. 그렇게 긴장되고 두려운 마음으로 제자들이 함께 모여 기도하는데, 그곳에 예수님이 약속하신 성령님을 보내주셨다. 제자들의 가슴이 얼마나 벅찼겠는가?

여기서 내가 주목하는 것은, 예수님께서 "내가 성령님을 보내주시겠다"라고 말씀하시면서 오실 성령님이 '또 다른 보혜사'이심을 강조했다는 점이다.

보혜사는 원어로 '파라클레토스'로, '파라'와 '클레토스'의 합성어이다. '파라'는 '곁에, 옆에, 나란히'라는 뜻을 가진 전치사이고, '클레토스'는 '부름 받은 자'라는 뜻이다. 즉 성경에 기록되어 있는 '보혜사'를 원어 그대로 직역하자면 '곁에 있으면서 도와주는 자'라는 의미이다.

예수님은 "내가 가고 나면 내 육신은 너희와 함께할 수 없지만 너희 곁에서 너희를 도와주시는 성령을 보내주겠다"라고 말씀하신 것이다. 예수님은 이 약속을 여러 번 하셨다.

누가복음은 다음과 같은 예수님의 말씀으로 마치고 있다.

약속, 꿈꾸게 하는 힘

너희는 이 모든 일의 증인이라 볼지어다 내가 내 아버지께서 약속하신 것을 너희에게 보내리니 너희는 위로부터 능력으로 입혀질 때까지 이 성에 머물라 하시니라 눅 24:48,49

그리고 누가복음의 속편이라 할 수 있는 사도행전은 이 말씀의 반복으로 시작하고 있다.

사도와 함께 모이사 그들에게 분부하여 이르시되 예루살렘을 떠나지 말고 내게서 들은 바 아버지께서 약속하신 것을 기다리라 요한은 물로 세례를 베풀었으나 너희는 몇 날이 못되어 성령으로 세례를 받으리라 하셨느니라 행 1:4,5

누가복음의 마지막 부분과 사도행전의 첫 부분을 합치면 어떤 결과가 나오는가? 예수님이 약속하시되, 위로부터 임하는 능력 차원에서 성령님을 보내주시겠다는 것이다. 그러니 위로부터 임하는 능력이신 성령님을 경험하기 전에는 사역한다고 나서지 말라는 것이다. 성령님을 기다리라는 것이다.

비극적인 신앙생활

예수님은 성령에 대해 이렇게 말씀하신 적이 있다.

> 그는 진리의 영이라 세상은 능히 그를 받지 못하나니 이는 그를 보지
> 도 못하고 알지도 못함이라 요 14:17

이 말씀을 보면 예수님을 믿는 사람들은 두 부류로 나뉘는 것 같
다. 성령님을 본 적도 없고 성령님이 누구신지 알지도 못하면서 신
앙생활 하는 사람이 있는가 하면, 성령님이 내 곁에서 나를 도와주
시는 보혜사이심을 너무나 실감하고 경험하며 신앙생활 하는 사람
이 있다.

예수님을 믿고 섬긴다 하면서 도대체 성령님이 누구신지, 그분이
뭐하는 분이신지 보지도 듣지도 못한 채로 신앙생활 한다면 정말
슬픈 일 아닌가? 만약 나 같은 목회자가 그런 상태로 목회한다면
그건 슬픔을 넘어서서 재앙일 것이다.

이런 관점으로 우리 자신을 돌아봐야 한다. 우리는 혹시 요한복
음 14장 17절의 말씀과 같은 상태로, 성령님을 알지 못한 채로 신
앙생활을 하고 있는 것은 아닌가?

두려워 떨며 기도하는 제자들에게 성령님이 임하셨고, 놀랍게도
그렇게 임하신 성령님은 무능한 제자들의 삶을 송두리째 바꾸어놓

앞다. 예수님이 없으면 그저 오합지졸에 불과했던 그들이 사도행전에서 얼마나 놀라운 능력과 역사를 펼쳐 나갔는가? 보혜사, 곧 곁에 서서 도와주시는 성령님이 계시기에 가능했던 일이다.

이 말씀을 묵상하면서 용기가 생겼다. 나는 비록 주기철 목사님처럼 크고 위대한 그릇은 아니지만, 주기철 목사님 곁에서 그 분이 순교하기까지 힘을 주셨던 성령님이 내 곁에서도 역사해주시기에 나 같은 보잘것없는 사람도 그 분과 같은 길을 걸어갈 수 있으리라는 용기가 생긴 것이다.

이처럼 성령의 임하심과 일하심은 부흥에 있어서 결코 빼놓을 수 없는 주제이다. 이제 보혜사로서 우리와 함께하시는 성령님에 대해서 살펴보되, 성령님이 혼미한 이 시대를 살아가는 우리에게 어떤 역할을 하는 분이신지를 정리해보려고 한다.

능력 있는 삶을 살도록 도우시는 분

첫째로, 성령님은 우리의 삶 속에서 능력 있는 삶을 살도록 돕는 분이시다.

오직 성령이 너희에게 임하시면 너희가 권능을 받고 예루살렘과 온 유대와 사마리아와 땅 끝까지 이르러 내 증인이 되리라 하시니라 행 1:8

성령이 임하신다는 말의 의미는, 내가 성령의 권능(능력)을 공급받는다는 것이다. 여기 나오는 '권능'은 원어로 '두나미스'인데, 영어 '다이너마이트(dynamite)'의 어원이 되는 단어이다. 즉, 성령을 통해 폭발력 있는 능력을 공급받는다는 것이다.

영화 〈일사각오〉 중에서 한 장면이 특히 인상적이었다. 주기철 목사님의 아들이 아버지에 대해 회고하는 대목이다.

"우리 아버지는 그렇게 강한 분이 아니셨습니다."

아버지인 주기철 목사님이 성격이 세고 투사정신이 있어서 고문을 이겨내고 순교하신 게 아니란 말이다. 아들의 말을 들어보면, 주 목사님은 눈물도 많고 마음이 여리고 정도 많은 분이셨던 것 같다. 나는 어쩐지 정말 그랬을 거란 생각이 들었다.

예전에 주기철 목사님의 손자 되시는 목사님과 교제를 나눈 적이 있다. 교수이시면서 인천에서 목회를 하시는 분인데, 그 목사님이 그렇게 여리고 정이 많으셨다. 내가 보기에 아주 순하고 선량한 분이셨다. 그 목사님을 뵈면서 주기철 목사님도 투사의 모습을 하신 분이 아니었을 거란 생각이 들었다. 인간적으로 기질이 강해서 고문을 이겨내신 게 아니라 보혜사 성령님, 곁에 서서 도우시는 분의 능력을 의지했기에 그 자리까지 가실 수 있으셨던 것이다.

앞에서 간증을 소개한 전도사님도 마찬가지다. 내가 아는 그 분은 그리 성격이 강한 분이 아니다. 길을 가다 보면 어디서나 마주칠

약속, 꿈꾸게 하는 힘

수 있는 평범한 중년 여성이다. 그러나 밤 12시 반에 딸이 교통사고를 당했다는 전화를 받고 달려가 온통 피범벅이 되어 누워 있는 딸을 보면서도 감사할 수 있는 힘, 그것은 인간적인 기질로 되는 게 아니다.

　이처럼 삶의 위기가 닥쳤을 때 절망하고 좌절하고 무너지는 것이 아니라 그 상황 속에서도 감사의 제목을 적어낼 수 있는 힘은 언제나 기도의 자리를 지켰던 그 분 곁에서 도우시는 보혜사 성령님이 계셨기에 가능한 일이었다.

지금 우리에게 필요한 건 위로?

지금은 "한국 교회가 위기다", "교회의 부흥은 어렵다", "전도가 안 된다"는 이야기들이 난무하는 시대다. 이럴 때 우리는 어떻게 해야 하는가? 우리를 도우시는 분, 보혜사 성령님을 간절히 갈망하며 구해야 한다.

> 하나님의 성령을 근심하게 하지 말라 그 안에서 너희가 구원의 날까지 인치심을 받았느니라 엡 4:30

　바울이 이 말씀에서 강조한 것처럼, 혹시 우리 내면에 성령님을 근심하게 하는 죄는 없는지, 회개할 부분은 없는지 살펴야 한다. 동시대를 살아가는 어떤 크리스천은 성령님의 능력을 힘입어 그처럼 강하게 살아가는데, 같은 크리스천인 나는 왜 이렇게 초라하게 떨며 불안한 마음으로 살아갈 수밖에 없는지 가슴 아프게 자각해야 한다. 회개해야 한다.

얼마 전에 모교인 총신대학교신학대학원에 설교를 하러 갔다. 설교하러 가기 며칠 전에 그 학교에서 가르치시는 어느 교수님과 이야기를 나눌 기회가 있었다. 그 분 말이 요즘 신학생들의 마음이 너무나 힘들고 침체되어 있어서 격려가 많이 필요하다는 것이다. 그 말을 들으며 마음이 아팠다.

학교에 갔더니 큰 강당에 젊은 신학도들이 꽉 차 있었다. 1,500명 정도 되는 청년들이 암흑 같은 이 시대에 주의 종이 되겠다고 하나님 앞에 나와 있었다. 얼마나 귀한가. 그런데 그들이 사기가 꺾여 있는 모습을 보니, 그것이 다 나 같은 기성세대 목회자들의 잘못인 것 같아서 마음이 아프고 그들에게 미안했다. 예배를 마치고 집으로 돌아가는 길에서도 마음이 편하지가 않았다.

그러다 문득 우리 교회에서 사역하며 신학을 공부하고 있는 교육전도사들에게 용돈을 주면서 격려하는 시간을 가져야겠다는 생각이 들었다. 1,500명 모두를 섬기며 위로하긴 힘들어도 가까운 동역자들은 섬길 수 있으리란 생각이었다.

약속, 꿈꾸게 하는 힘

그래서 신학교 수업을 마치는 금요일 오후에 좀 모여달라는 메일을 보냈다. 약속한 시간에 함께 모여 준비한 용돈을 나누어주며 모처럼 즐거운 시간을 가졌다. 화기애애한 시간을 가지며 대화를 나누고 있는데 한 전도사가 내게 질문을 던졌다.

"몇 주 전에 우리 교회에서 남성주일을 하지 않았습니까? 예배의 영광은 하나님이 받으셔야 하는데 '남성주일'이라고 해서 남성이 영광을 받으면 되겠습니까?"

나는 그 부분에 오해가 좀 있는 것 같다고 답하면서 설명했다.

"남성주일이라는 것은 그날 예배의 주인공이 남성이라는 뜻이 아니라 힘들어하는 가장들이 예배의 주인공 되시는 하나님께 기도드리는 시간을 갖자는 취지로 붙인 것입니다."

그랬더니 그 옆의 전도사가 또 다른 이야기를 하고, 또 그 옆의 전도사가 다른 이야기를 하기 시작했다.

"우리 교회는 이게 좀 문제 아닙니까?"

좀 있으니 누군가가 내 설교에 대해 지적하기 시작했다.

"목사님의 설교는 위로는 많은데 소명을 불어넣어주거나 회개에 대해서는 약하지 않습니까?"

순간 너무 당황이 되었다. 세상이 많이 변했다는 생각도 들었다. 내가 교육전도사였던 시절엔 너무 떨려서 옥한흠 목사님의 얼굴도 제대로 쳐다보지 못했었다. 그런 나에게 전도사님들이 설교에 대한 문제를 제기하며 나오자 당황한 나는 나 자신을 변호하며 그 부분에 대해 열심히 설명했다.

그러다 보니 분위기도 이상하게 흘러갔고, 용돈 나눠주고 10분만에 끝내려고 했던 모임이 2시간 반이라는 시간이 흘러갈 때까지 계속되었다. 설명하면 또 질문이 들어오고, 설명하면 또 질문이 들어왔다.

그렇게 모임을 마치고 집에 들어가니 두 가지 마음이 들었다. 하나는 괘씸하다는 것이었다. 물론 내가 그런 질문과 분위기를 허용했기에 가능했던 일이긴 하지만 그래도 너무한 것 아닌가? 수고하는 후배 전도사들을 격려해주려고 정성껏 마련한 모임인데, 남의 마음도 모르고 그런 식의 민망한 항의성 질문을 쏟아 놓다니!

이런 괘씸한 생각이 드는 한 편으로 드는 생각은 하나님께서 이 젊고 순수한 신학도들을 통해 내게 들려주기 원하시는 메시지가 있을 수 있겠다는 생각이었다.

본능적으로 올라오는 괘씸하고 얄밉다는 마음과 그럼에도 내가 그들의 말에 귀를 기울여야 한다는 마음이 교차되면서, 이 두 마음이 잠자리에 들 때까지 내 안에서 싸우고 있었다. 새벽에 일어나서도 계속 두 마음이 내 안에서 갈등을 일으켰다. 그런데 기도를 시작하자 신학생들의 말을 통해서 성령님이 내게 깨우쳐주기를 원하신다는 쪽으로 마음이 기울기 시작했다.

약속, 꿈꾸게 하는 힘

우리에게 필요한 건 회개!

다음 날, 문제를 제일 많이 제기한 전도사에게 따로 만나자고 메일을 보냈다. 그러자 내가 야단을 치려는 줄 알고 엄청 긴장하며 왔다. 그래서 전날 밤 내가 가졌던 두 가지 생각에 대해 솔직히 나누고, 어젠 갑작스런 이야기에 반박도 하고 설명도 했지만 오늘은 무조건 수용하려는 마음에서 이 자리를 마련했으니 하고 싶은 이야기가 있으면 시원하게 다 하라고 했다.

처음에는 땀을 삐질삐질 흘리며 당황하더니 금세 언제 그랬냐는 듯이 자기가 하고 싶었던 말을 다 했다. 그날도 무려 한 시간 동안 그 전도사의 조언이 계속 되었는데, 나는 그가 들려주는 충고의 말을 녹음하고 필기해가며 열심히 들었다. 그 젊은 신학도를 통해 하나님이 나에게 경고하시려는 말씀이 있다고 생각하면서 말이다.

그리고 다음날 새벽, 나는 하나님 앞에서 시인할 수밖에 없었다.

'그 전도사의 지적이 다 옳은 말이다.'

교회를 개척했던 초기에 나는 야성을 가지고 회개를 촉구했다. 내 설교에는 그렇게 살면 안 된다는 강한 경고성 메시지가 많았다. 그런데 나이가 들어 오십 대 중반이 되고 나니 자꾸 힘들게 사는 성도들이 안쓰럽게 보였다. 그러다 보니 위로하는 메시지가 많아진 듯하다. 이것이 젊은 신학도가 보기에는 균형을 잃은 메시지로 비쳐졌고, 그 지적은 내가 귀담아 들어야 할 소중한 충고였다.

그 새벽에 나 자신을 돌아보며 깊은 생각에 빠졌다. 혹시라도 내가 그저 성도들 등이나 긁어주고 듣기 좋은 소리만 하고 있었던 것은 아닌지 돌아보는 시간을 갖게 되었다. 그러면서 담임목사인 내가 우리 교회의 부흥을 위해서는 주변 사람들의 충고에 더욱 귀를 기울여 경청하고, 뿐만 아니라 겸손히 그 충고를 받으며 끊임없이 회개의 자리로 나아가야 한다는 사실을 새삼 깨달았다.

우리에게 필요한 것은 회개다. 너나없이 연약한 우리는 겸손히 그 사실을 인정하며 늘 회개의 자리로 나아가야 한다.

우리와 함께하시는 분

둘째로, 성령님은 우리 곁에서 우리와 함께해주신다. 이것은 그분이 우리에게 능력을 주시는 것보다 더 중요한 일이다.

마가복음 3장에 보면 예수님이 제자들을 뽑으시는데, 그 목적에 대해 이렇게 설명하신다.

> 이에 열둘을 세우셨으니 이는 자기와 함께 있게 하시고 또 보내사 전도도 하며 귀신을 내쫓는 권능도 가지게 하려 하심이러라 막 3:14,15

예수님이 제자들을 뽑은 후에 그들을 위해 하셔야 할 일들이 많이 있었지만, 가장 우선되는 것은 그들과 함께하시며 동고동락하는 일이었다. 예수님이 이 땅에 오신 성육신(成肉身) 사건에 대해서도 성경은 비슷한 의미를 부여한다.

> 보라 처녀가 잉태하여 아들을 낳을 것이요 그의 이름은 임마누엘이라
> 하리라 하셨으니 이를 번역한즉 하나님이 우리와 함께 계시다 함이라
> 마 1:23

예수님이 이 땅에 오신 것은 외롭고 고독한 우리와 함께하시기 위함이다. 그런데 예수님은 이 땅을 떠나실 때도 이렇게 말씀하셨다.

> 내가 너희에게 분부한 모든 것을 가르쳐 지키게 하라 볼지어다 내가
> 세상 끝 날까지 너희와 항상 함께 있으리라 마 28:20

뭔가 모순 같다. 예수님은 지금 오시는 게 아니라 떠나시는 중이다. 그런데 세상 끝 날까지 우리와 함께하신다고 약속하신다니! 그런데 이 모순 같은 말씀이 성취된 사건이 바로 사도행전 2장의 성령 강림 사건이다.

> 내가 아버지께 구하겠으니 그가 또 다른 보혜사를 너희에게 주사 영

원토록 너희와 함께 있게 하리니 요 14:16

너희는 너희가 하나님의 성전인 것과 하나님의 성령이 너희 안에 계시
는 것을 알지 못하느냐 고전 3:16

예수님이 말씀하신 성령님의 여러 역할 중에서 가장 중요한 것이
바로 이것이다. '보혜사' 되셔서 우리와 함께하시는 성령님! 성령님
이 늘 우리와 함께하시며, 우리 안에 거하여 계신다.

성령님을 뜻하는 원어인 '파라클레토스'라는 단어에서 '곁에'라는
뜻의 '파라'에 대해 꽤 오랫동안 묵상하며 많은 생각을 했다. 그러면
서 이 내용을 담은 찬양이 없을까 생각해보았는데, 갑자기 찬양이
아닌 가요가 하나 떠올랐다. 송창식 씨가 부른 '우리는'이란 노래
다. 찬송이 아닌 유행가가 떠올랐다는 사실에 좀 당황스럽기도 했
지만, 이 노래의 가사를 생각하는데 은혜가 되었다.

우리는 빛이 없는 어둠 속에서도 찾을 수 있는
우리는 아주 작은 몸짓 하나라도 느낄 수 있는
우리는 소리 없는 침묵으로도 말할 수 있는
우리는 마주치는 눈빛 하나로 모두 알 수 있는
우리는, 우리는 연인

약속, 꿈꾸게 하는 힘

작사가는 연인들에 대해 생각하며 가사를 만들었겠지만, 나는 이 노랫말을 보면서 성령님과 우리의 관계를 이보다 더 잘 설명한 가사가 또 있을까 싶은 생각이 들었다. 사실, 성령님과 우리는 사랑하는 사이, 즉 연인 사이 아닌가!

소리 없는 침묵으로도 말씀하시는 분

요즘에는 기러기 부부가 많다. 아이들을 좀 더 좋은 환경에서 공부시켜보겠다며 아내는 외국에서 아이들 뒷바라지를 하고, 남편은 학비와 생활비를 벌기 위해 한국에 남아 생활한다. 대단한 분들이다. 하지만 이 노래 가사처럼 부부 간에 '소리 없는 침묵으로도 말할 수 있는' 정도의 깊은 친밀감이 없으면 웬만해선 기러기 부부 안 하는 게 좋다. 그 정도 깊은 친밀감과 신뢰감이 없으면 위험천만한 시도이기 때문이다. 이어지는 가사도 주옥같다.

우리는 바람 부는 벌판에서도 외롭지 않은
우리는 마주잡은 손끝 하나로 너무 충분한
우리는 기나긴 겨울밤에도 춥지 않는
우리는 타오르는 가슴 하나로 너무 충분한
우리는, 우리는 연인

수없이 많은 날들을 우리는 함께 지냈다

생명처럼 소중한 빛을 함께 지녔다

성령님과 나와의 관계를 염두에 두고 이 가사를 생각하는데, 갑자기 눈물이 핑 돌았다. 그러면서 정말 바람 부는 벌판에 서 있던 때와 같은 신대원 시절이 생각났다.

막내아들이었던지라 항상 가족에 둘러싸여 살던 나는 1990년에 혼자 한국으로 되돌아왔다. 아버지는 고신대학교를 나오신 고신 목사님이신데, 나는 총신으로 갔으니 연고도 없이 얼마나 외로웠겠는가. 말할 수 없이 외로웠던 그 시절에, 성령님이 내 곁에 계셔주셨다. 내 곁에 계시면서 소리 없는 침묵으로 말씀하시는 성령님의 은혜 때문에 그 눈물 나게 외롭던 시절을 잘 견뎌낼 수 있었다고 생각하자 감사가 저절로 나왔다.

그것이 다가 아니다. 신대원을 졸업하던 해에 청소년 사역을 시작했는데, 그때 얼마나 떨었는지 모른다. 사투리는 지금보다 열 배쯤 심했고, 들어 보니 한국의 청소년들은 주먹만한 작은 얼굴을 좋아한다던데 내 얼굴은 청소년들이 좋아할 만한 사이즈가 아니다. 이런 내가 어떻게 청소년 사역을 할 수 있을까 고민되고 위축되었다. 그때마다 성령님이 내 곁에서 얼마나 용기를 주셨는지 모른다.

'내가 너를 청소년 사역자로 세울 때 너의 앞서 다 예비해 놓았으

약속, 꿈꾸게 하는 힘

니 아무 걱정하지 마라.'

분당우리교회를 개척할 때도 마찬가지이다. 얼마나 두려웠는지 모른다. 어른 목회라곤 해본 적이 없던 내가 덜컥 교회를 개척하고 벌벌 떨고 있을 때 성령님이 초자연적인 역사로 내 마음에 위로와 용기를 주셨다.

'지난 10년의 청소년 사역을 네 힘으로 했니? 너를 이 교회의 담임 목사로 세울 때도 네 앞서 행하는 하나님이 다 예비해놓았으니 아무 염려하지 마라.'

개척 초기에 주셨던 이 약속의 말씀은 결코 거짓이 아니었다. 개척 후 지금까지, 지난 14년 동안 하나님이 내 곁에서 함께해주셨던 '파라'의 성령님을 생각하면 지금도 감사의 눈물이 흐른다. 그리고 기도가 나온다.

"하나님, 14년 전 제 인생에 개입해주시고 제 곁에서 저를 위로해 주신 성령님이 오늘 한국 교회 곳곳에서 사명을 감당하는 진실한 주의 종들과 함께하여주옵소서. 특별히 그들이 외로운 자리에 있을지라도 외롭지 않도록 위로해주옵소서. 또한 암담한 오늘을 사는 수많은 신학생들과 이 땅의 젊은이들을 불쌍히 여겨주옵소서. 외롭고 힘든 성도들과 함께하여주옵소서!"

그 성령님은 지금도 우리와 함께하신다.

상처 받지 않는 비결

요셉의 삶을 한번 생각해보라. 요셉은 강간미수범이란 누명을 쓰고 감옥에 갇혔다. 만일 그가 실제로 방탕하고 음란한 사람이었다면 그렇게 억울하지도 않았을 것이다. 그러나 그는 순결한 청년이었다. 그런 그에게 붙은 죄목이 강간미수범이라니, 얼마나 수치스럽고 억울했을지 그 심정이 도무지 짐작이 안 갈 정도다.

그렇게 억울하게 감옥에 들어가 있는데, 어느 날 요즘으로 치면 정부 고위관리가 그 감옥에 들어왔다. 그렇게 감옥에 들어온 그 고위관리가 꿈을 꿨다. 꿈을 꾸고도 그 의미를 알 수 없어서 찜찜해하고 있을 때 요셉이 그 꿈을 해석해주었다. 그가 3일 안에 복직된다는 것이었다. 요셉의 해석은 정확하게 맞아떨어졌다. 이 과정에서 감옥에 있던 요셉의 심정이 너무나 잘 드러나는 구절이 하나 있다.

> 당신이 잘되시거든 나를 생각하고 내게 은혜를 베풀어서 내 사정을 바로에게 아뢰어 이 집에서 나를 건져주소서 창 40:14

그런데 세상인심이 어디 내 맘 같은가? 금방 꺼내줄 것처럼 확언하며 떠났던 관리는 곧 요셉을 잊었다.

> 술 맡은 관원장이 요셉을 기억하지 못하고 그를 잊었더라 창 40:23

약속, 꿈꾸게 하는 힘

무려 만 2년 동안이나 요셉을 까맣게 잊었다. 나는 이 말씀에 정말 마음이 아팠다. 잊혀진 2년 동안 요셉은 억장이 무너졌을 것이다. 그 상처가 얼마나 컸겠는가?

그런데 놀랍게도 성경을 아무리 봐도 요셉에게는 상처의 흔적이 없다. 감옥에서 요셉에게 공황장애가 왔다거나 우울증이나 불면증으로 고통을 받았다거나 하는 흔적이 전혀 없다. 정말 신비롭기까지 한 일이다. 오히려 성경은 요셉을 이렇게 묘사하고 있다.

여호와께서 요셉과 함께하시므로 그가 형통한 자가 되어 창 39:2

여호와께서 요셉과 함께하심이라 여호와께서 그를 범사에 형통하게 하셨더라 창 39:23

억울한 누명을 쓰고 감옥에 있었지만 요셉이 상처 받지 않을 수 있었던 비결, 만 2년이라는 긴 세월 동안 잊혀졌던 그가 상처 받지 않을 수 있었던 비결은 성령님이 함께하셨기 때문이다. 성령님이 함께하시는 인생이라면 누명을 쓰고 감옥에 가 있는 것 역시 형통한 길이란 것이다.

성령님이 곁에 계시면 가능하다

바울도 마찬가지였다.

> 큰 분쟁이 생기니 천부장은 바울이 그들에게 찢겨질까 하여 군인을 명
> 하여 내려가 무리 가운데서 빼앗아 가지고 영내로 들어가라 하니라
> 그날 밤에 주께서 바울 곁에 서서 이르시되 담대하라 행 23:10,11

바울은 지금 억울하게 감옥에 갇혀 있다. 그럼에도 불구하고 사기가 꺾이거나 상처받지 않고 오히려 담대하게 자기 역할을 감당할수 있었던 이유가 무엇일까? "주께서 바울 곁에 서서 이르시되 담대하라"고 말씀하셨기 때문이다.

그런가 하면 바울은 자신을 따르고 추종하던 제자들로부터 배신을 당하기도 한다.

> 내가 처음 변명할 때에 나와 함께한 자가 하나도 없고 다 나를 버렸
> 으나 딤후 4:16

배신을 당해본 적 있는가? 믿었던 사람들이 다 나를 등지고 떠나는 상처를 경험해본 적 있는가? 아마도 목회자들이라면 한두 번은 겪는 일일 것이다. 얼마나 쓰라린 경험인지 모른다. 얼마나 낙심이

약속, 꿈꾸게 하는 힘

되는지 잠도 오지 않는다. 목회자가 아니더라도 세상을 살다 보면 이런 쓰라린 일이 한두 번은 다가오는 것 같다.

바울은 그런 일을 여러 번 겪었다. 그런데도 그는 "그들에게 허물을 돌리지 않기를 원하노라"라고 고백했다. 어떻게 이런 일이 가능했을까? 그가 배신의 쓰라린 상처 앞에서도 낙심하지 않을 수 있었던 것은 보혜사 성령님께서 그 곁에 계셨기 때문이다.

우리는 왜 매일 낙심하는가? 왜 매일 상처받았다고, 배신당했다고 아파하는가? 이처럼 상처 잘 받는 우리에게 절실히 필요한 것은 우리 곁에 계시는 보혜사 성령님이시다.

'보혜사'를 뜻하는 '파라클레토스'에서 세 가지 영어 단어가 파생되었다.

helper : 돕는 자
counselor : 상담자
comforter : 위로자

내 안에 계시는 성령께서는 때로는 나의 돕는 자가 되시며, 내가 혼미하여 지혜가 없을 때는 상담자가 되어주시고, 사람에게 상처받고 낙심해 무너질 때면 위로자가 되어주신다. 그분이 파라클레토스, 우리 곁에 계시는 보혜사 성령님이시다!

우리 시대에도 부흥은 가능하다. 회복은 가능하다. 그런데 조건이 하나 있다. 우리 곁에서 도우시는 보혜사 성령님이 근심하지 않고 일하실 때 가능하다는 것이다. 성령님이 곁에 계시면 가능하다.

그 성령님과 함께 우리 심령에 부흥이 일어나길 바란다. 우리 가정에 부흥이 일어나기를 바란다. 우리 교회에 부흥이 일어나길 바란다. 이 땅의 수많은 교회들 위에 부흥이 일어나길 원한다.

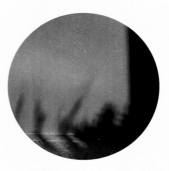

약속, 꿈꾸게 하는 힘

#

성령님이 주도하시는 부흥이 일어나면
약속에 근거한 **꿈**이 회복된다.

꿈을 회복하는 것이 중요하다.
교회는 하나님의 약속을 바탕으로 꿈꾸는 공동체가 되어야 한다.
꿈을 꾸되. 주님의 약속을.
근거로 하는. 꿈이어야. 한다.

많은 젊은이들이 **시대**를 탓하며 꿈을 잃어가고 있다.
태어나보니 흙수저인 자기 신세를 그저 한탄할 뿐이다.
생기를 잃어가는 다음세대에게
성령의 꿈을 전해줄 수 있게 되기를…

약속을 주시고, 그 약속에 근거한 꿈을 주시며,
그 꿈을 친히 이루어주시는 분이 우리의 하나님이시다.

성령의 충만함으로 약속의 말씀으로 주어진
하나님의. 꿈이. 회복되는 것,
바로. 이것이. 부흥이다!

11

꿈이 회복되다

오순절 날이 이미 이르매 그들이 다 같이 한곳에 모였더니

홀연히 하늘로부터 급하고 강한 바람 같은 소리가 있어

그들이 앉은 온 집에 가득하며 마치 불의 혀처럼 갈라지는 것들이

그들에게 보여 각 사람 위에 하나씩 임하여 있더니

그들이 다 성령의 충만함을 받고 성령이 말하게 하심을 따라

다른 언어들로 말하기를 시작하니라

가장 중요한 사건

앞에서 살펴본 것처럼, 보혜사는 '곁에 계시면서 도와주시는 분'이라고 직역할 수 있다.

> 내가 아버지께 구하겠으니
> 그가 또 다른 보혜사를 너희에게 주사
> 영원토록 너희와 함께 있게 하리니 요 14:16

이 땅을 살아가는 우리가 늘 기억해야 할 말씀이다. 우리는 홀로 버려진 존재가 아니다. 성령께서 우리 곁에 계신다. 그렇게 우리 곁에서 도와주는 분이 계시다는 사실을 늘 인식하는 것이 중요하다.

또 하나 중요한 것은, 성령님은 이처럼 개인의 내면에 임재하셔서 개개인을 돕는 일을 행하기도 하시지만, 개인적인 차원에만 머물러 계시지 않는다는 것이다. 성령님은 거시적이고도 포괄적인 차원에서 이 시대의 부흥을 주도하신다.

사도행전 2장에 나오는 성령강림 사건은 그야말로 초대교회가 강력한 부흥을 맛볼 수 있게 된 원동력 역할을 했다. 그런가 하면 2천 년이 지난 오늘에 이르기까지 성령님이 일하고 계시기 때문에 수많은 핍박과 어려움 속에서도 교회의 생명력이 유지될 수 있었다. 그래서 어떤 면에서는 본문의 오순절 성령강림 사건이야말로 기독교 역사상 가장 중요한 사건이라고 할 수 있다.

바람처럼, 불의 혀처럼

그런데 여기서 한 가지 주목할 것이 있다. 성경은 강림하시는 성령님을 어떻게 묘사하는가?

홀연히 하늘로부터
급하고 강한 바람 같은 소리가 있어
그들이 앉은 온 집에 가득하며
마치 불의 혀처럼 갈라지는 것들이
그들에게 보여

각 사람 위에 하나씩 임하여 있더니 행 2:2,3

　　성경이 오순절에 임하신 성령님을 묘사하는데, 청각적으로는 급하고 강한 바람 같은 소리로 묘사하고 있고, 시각적으로는 불의 혀처럼 갈라지는 것으로 묘사하고 있다. 이 표현에 대해 여러 가지 해석이 가능하다. 나는 이것이 성령님의 두 가지 부분을 강조하기 위해서라고 생각했다.

　　첫째, 이 표현은 성령강림 사건이 전적으로 성령님의 주도하심, 그분의 주권에 의해 이루어졌음을 강조하는 표현인 것 같다.

　　바람이 임의로 불매
　　네가 그 소리는 들어도
　　어디서 와서 어디로 가는지 알지 못하나니
　　성령으로 난 사람도 다 그러하니라 요 3:8

　　여기서 예수님은 바람의 특징을 '임의로 부는 것'으로 규정하신다. 우리가 어릴 때 이런 우스갯소리가 있었다.
　　"엿장수가 가위질을 1분에 몇 번이나 하게?"
　　이 질문의 정답은 "엿장수 마음대로"이다. 엿장수 맘에 따라 가위질을 1분에 열 번 할 수도 있고 백 번 할 수도 있는 것이다. 꼭 같다

약속, 꿈꾸게 하는 힘

고 할 수는 없지만 성령께서도 그렇게 임의로 부는 바람처럼 임하셨다는 것이다.

여기서 우리가 마음 깊이 새겨야 하는 게 있다. 성령님은 우리가 마음대로 조종하거나 움직일 수 있는 분이 아니란 것이다. 성령의 역사를 너무나 열망하다 보면 자기도 모르게 이런 우(愚)를 범하기 쉽다. 성령님을 마치 내가 부리는 심부름꾼인 것처럼 취급하게 되는 것이다. 아주 위험한 발상이다. 성령님은 우리 같은 인생에 의해 좌지우지되는 분이 아니시다. 우리는 단지 그분의 은혜를 구할 뿐이다.

둘째, 성경이 성령님의 임하심을 급하고 강한 바람처럼, 불의 혀처럼 임하셨다고 묘사하는 것은 성령님이 주도적으로 임하시되 강력하게 임하셨다는 것을 강조하기 위함이라고 생각한다.

"급하고 강한 바람 같은 소리가 있어."

성령께서는 임의로 부는 바람처럼 주도적으로 임하시되 급하고 강하게 임하셔서 강력한 부흥을 일으키셨다.

부흥은 우리가 인위적으로 일으킬 수 없다. 우리가 인위적으로 계획하여 행사하고, 이벤트 한다고 해서 성령 충만 받는 것은 절대 가능하지 않다. 온전한 주권은 오직 하나님에게 달려 있기 때문에, 우리는 초대교회 120문도들이 보여준 모범을 따라 하나님 앞에 간절히 기도할 뿐이다.

"우리를 불쌍히 여겨주옵소서. 성령님, 우리를 다스려주옵소서."

그렇다면 우리가 꾸며낸 부흥이 아닌, 주권자 되시는 성령님이 주도하시는 성령의 부흥이 일어난다면 어떤 변화가 일어나는가? 그에 대해 몇 가지로 정리해보자.

언어가 변한다

첫째, 성령님이 주도하시는 성령의 부흥이 일어나면 가장 먼저 언어가 변한다. 우리의 언어가 성령님의 통제 아래 놓이게 된다.

> 그들이 다 성령의 충만함을 받고 성령이 말하게 하심을 따라 다른 언어들로 말하기를 시작하니라 행 2:4

예수 믿기 전에는 생각나는 대로 말하고, 생각나는 대로 퍼붓고 살았지만, 성령님이 나를 다스리시기 시작하면 내 언어가 성령님에 의해 통제를 받게 된다. 이런 관점으로 보면, 아무리 믿음이 좋아 보여도 그 사람의 언어가 성령님에 의해 다스림을 받지 못하는 사람이라면 절대로 성령 충만한 사람이 아닌 것이다.

> 우리가 말들의 입에 재갈 물리는 것은 우리에게 순종하게 하려고 그

약속, 꿈꾸게 하는 힘

온몸을 제어하는 것이라 약 3:3

혀는 능히 길들일 사람이 없나니 쉬지 아니하는 악이요 죽이는 독이
가득한 것이라 약 3:8

성령님에 의해 통제받지 않는 혀는 죽이는 독이 된다. 몽둥이를
휘두르는 것만이 폭력이 아니다. 현실적으로 언어의 폭력에 의해 가
해지는 상처들이 얼마나 심각한지 모른다.

가정이 행복하기 위해선 우리의 언어가 성령의 다스림을 받아야
한다. 거기서부터 가정의 회복이 시작된다. 무책임한 사람들은 상
대방에게 생각나는 대로 퍼붓고나서 꼭 한 마디를 덧붙인다. 자기
는 뒤끝이 없는 사람이란다. 자기의 그 뒤끝 없는 말 때문에 상대방
이 죽어 나간다는 걸 전혀 모른다.

남편의 언어가 성령님에 의해 다스림을 받으면 거기서부터 가정이
회복된다. 아내의 입술이 성령님에 의해 통제되기 시작하면 거기서
부터 가정이 회복된다.

그렇기 때문에 우리는 항상 말하기 전에 숨을 고르며 한 템포 늦
추어 말하는 훈련을 해야 한다. 짧은 순간이지만 내가 내뱉으려는
말이 성령님에 의해 다스림을 받는 말인지 생각해보는 훈련이다.

죽이는 혀 vs 치유하는 혀

젊었을 땐, 나도 말로 사람을 다치게 한 적이 많았다. 그땐 그 말들이 공의로운 말이라는 자기 확신이 강했다. 그러나 나이가 들면서 점차 깨닫게 된 것은 아무리 좋은 의미로 포장된 말이라도 그것이 성령님에 의해 다스려지지 않으면 사람을 상하게 하고 다치게 하는 말이지 하나님께서 기뻐하시는 언어는 아니라는 사실이다.

온순한 혀는 곧 생명나무이지만 패역한 혀는 마음을 상하게 하느니라 잠 15:4

영어성경으로 보면 '온순한'이란 단어가 '치유하다'는 뜻을 내포하고 있는 'healing'으로 번역되었다. 나는 목회 현장에서 이 사실을 많이 보아왔다. 입술이 성령님에 의해 다스려지는 목회자가 심방을 가면 치유가 일어난다. 몇 마디 안해도 상한 마음이 회복되고, 용기가 생긴다. 성령님에 의해 다스려지는 입술에 치유와 회복의 능력이 있기 때문이다.

특별히 입술이 지혜로운 분들이 있다. 내용으로 보면 날카로운 충고의 말인데도 기분이 상하지 않는다.

그런가하면 반대의 경우도 있다. 어떤 분들은 좋은 이야기도 기분 나쁘게 전한다. 아이들은 대부분 이 능력을 '엄마들의 은사'라고 이야기한다.

"우리 엄마에게는 좋은 말씀을 기분 나쁘게 풀어내는 은사가 있어요."

그러므로 자녀를 잘 기르기 위해서는 성령님께 입술의 지혜를 구해야 한다.

너희 중에 누구든지 지혜가 부족하거든
모든 사람에게 후히 주시고
꾸짖지 아니하시는 하나님께 구하라
그리하면 주시리라 약 1:5

나는 한국 교회를 대표하는 큰 목사가 되게 해달라는 식의 거창한 기도를 드리지 않는다. 다만 오늘 하루 목회에 필요한 입술의 지혜를 구한다.

"하나님, 오늘 이혼을 앞둔 부부를 만나는데 입술의 지혜가 없습니다. 제 입술을 다스려주옵소서. 좋은 미련하지만 제 입에서 나오는 말은 성령님이 주시는 말씀이 되어 이 부부가 저를 만나고 나서 이혼하기로 했던 생각이 바뀌는 은혜가 있기를 바랍니다."

이렇게 기도할 때 실제로 하나님께서 은혜를 베푸셔서 응답해주신 일이 몇 번이나 있었다. 우리는 항상 하나님께 이것을 구해야 한다. 우리의 입술에 성령님의 지혜를 덧입혀주시되 성령님에 의해 우리의 말이 다스려지도록 말이다.

우리의 언어를 회개하라

언어 사용의 문제가 이처럼 중요한 이유가 있다.

무릇 더러운 말은
너희 입 밖에도 내지 말고
오직 덕을 세우는 데 소용되는 대로
선한 말을 하여
듣는 자들에게 은혜를 끼치게 하라
하나님의 성령을 근심하게 하지 말라 엡 4:29,30

더러운 말, 악한 말은 성령님을 근심하게 한다는 것이다. 우리 안에 성령님을 근심하게 하는 죄악들이 있으면 성령님이 일하실 수 없다고 하는데, 악한 말은 성령님을 근심하게 한다니 심각한 문제 아닌가?

우리가 사용하는 언어가 성령님의 다스림을 받아야 하는 이유가 여기에 있다.

약속, 꿈꾸게 하는 힘

"하나님, 제가 생명을 살리는 말을 하지 못하고 오히려 상대방에게 오해를 불러일으키는 지혜 없는 말을 하는 미련한 입술을 회개합니다."

이처럼 회개하며 성령님께 지혜를 구해야 한다. 성령께서 우리의 입술을 다스려주시도록 늘 조심해야 한다. 그래야만 성령님을 근심하게 하지 않기 때문이다.

한 마음이 회복되다

또한 성령께서 주도하시는 부흥이 일어나면 분열된 마음이 하나가 된다.

> 그들이 다 성령의 충만함을 받고 성령이 말하게 하심을 따라 다른 언어들로 말하기를 시작하니라 행 2:4

어떤 상황인가 하면, 성령께서 강하게 임하시자 모여 기도하던 사람들이 배우지 않은 각 나라 말로 기도하기 시작하는데, 이게 참 이상한 일이다.

성령이 임하시면 분열된 것이 하나가 된다고 하는데 여기서는 반대로 흘러가고 있다. 성령님이 임하시자 언어가 제각각으로 달라져버렸다. 이 내용을 다루고 있는 사도행전 2장 4-6절 말씀을 '현대인의성경'으로 보면 내용이 이렇다.

> 그러자 그들은 모두 성령이 충만하여 성령께서 주시는 능력으로 그들도 알지 못하는 외국어로 말하기 시작하였다. 그때 예루살렘에는 세계 여러 나라에서 온 경건한 유대인들이 많이 머물고 있었다. 하늘에서 난 바람 같은 이 소리를 듣고 몰려든 군중들은 각자 자기 나라 말로 제자들이 말하는 것을 듣고 어리둥절하였다. 행 2:4-6, 현대인의 성경

어떤 상황인지 짐작이 가지 않는가? 지금 오순절을 맞아 각각의 여러 나라에서 사람들이 모여들었는데, 보니까 성령 충만한 사람들이 자기들이 사용하는 언어로 기도하는 것이다. 그 나라 언어를 배웠을 리가 없는데 말이다. 그러면서 성경은 거기 모인 사람들이 얼마나 다양한 나라에서 왔는지를 장황하게 묘사한다.

> 우리는 바대인과 메대인과 엘람인과 또 메소보다미아, 유대와 갑바도기아, 본도와 아시아, 브루기아와 밤빌리아, 애굽과 및 구레네에 가까운 리비야 여러 지방에 사는 사람들과 로마로부터 온 나그네 곧 유대인과 유대교에 들어온 사람들과 그레데인과 아라비아인들이라
> 행 2:9-11

'그냥 여러 다양한 지역과 나라에서 사람들이 모여들었다'고 하면 되는데, 알지도 못하는 나라들을 이렇게 장황하게 나열하고 있는 본문이 특이하지 않은가? 그런데 여기에서 성경이 의도하는 것이 있다. 지금 성경이 강조하는 것이 무엇인가 하면, 겉으로 보기에는 각각 다른 나라의 언어로 말하고 있지만, 중요한 것은 그 말하는 내용이 똑같더라는 것이다.

> 우리가 다 우리의 각 언어로 하나님의 큰일을 말함을 듣는도다
>
> 행 2:11

격식의 통일이 아니라 마음의 통일

우리는 '통일성'에 대해 자주 오해한다. 많은 사람들이 획일성을 통일성으로 착각한다. 하지만 성경이 말하는 통일성은 격식의 통일이 아니다. 이것을 오해해선 안 된다. 지금 본문에서 보면 겉으로 보기에는 각각의 다양한 다른 언어로 기도하고 있다. 하지만 그 기도의 내용이 하나를 이루는 것, 이것이 성경이 말하는 통일성이며 하나됨이다.

"하나님의 큰일을 말함이라."

우리는 자꾸 '격식과 형식'을 하나로 통일시키자고 강요한다. 이

런 면에서 오늘 대한민국의 현실을 생각하면 마음이 아프다. 나와 조금만 생각이 다르면 서로 헐뜯고 미워하는 것이 우리의 현실 아닌가?

교회 역시 마찬가지다. 어떤 공동체보다 사랑으로 하나 되어야 하는 교회 안에서, 나와 생각이 다르다는 이유로 서로를 향한 비난과 다툼이 끊이지 않는다. 이것은 참 슬픈 일이다.

신대원 시절 3년 동안 기숙사 생활을 했다. 4인 1실이었는데, 그곳에서의 추억이 참 많다. 동료 신학생들과 여러 추억을 쌓으며 재미있게 지냈는데, 그중에서도 잊히지 않는 분이 있다.

그 전도사님은 굉장히 독특했는데, 종종 밤 10시가 넘어 갑자기 '사다리 타기'라는 것을 하여 간식을 사먹자고 했다. 그 시간에 간식을 먹는 것이 내키지 않아서 "전도사님, 저는 안 하고 싶습니다"라고 반대 의사를 표하는 동료가 있으면, 공동체 정신을 생각하며 한 마음으로 나가야 한다고 역설하여 우리를 곤혹스럽게 하곤 했다.

물론 그 전도사님이 장난스럽게 한 일들이긴 하지만, 공동체 정신을 그런 식의 획일성과 통일성을 강요하는 것이라 생각하면 안 된다.

진정한 공동체라면 각 사람 고유의 생각과 은사와 기질들을 존중해주어야 한다. 다양성을 인정해주면서 내용물에 있어 통일되는 것이 공동체이다.

약속, 꿈꾸게 하는 힘

사도행전에서 그렇게 다양한 언어로 기도가 터졌지만 내용은 딱 하나였다.

"하나님의 큰일을 말함이라."

하나님이 흩으시는 하나 됨

창세기에 나오는 바벨탑 사건을 보라.

온 땅의 언어가 하나요 말이 하나였더라 창 11:1

여기 보면 겉으로 보기에 획일적인 통일이 이루어졌음을 보게 된다. 그런데 하나님께서 사도행전에서 그 언어를 흩어버리셨다. 언어가 하나인 것이 중요하지 않다는 것이다. 그 마음이 하나님의 다스림을 받지 못하고 하나님이 기뻐하는 일을 하지 못할 때, 하나님은 허울뿐인 그 하나 됨을 흩으신다.

교회가 얼마나 한 모습으로 단합되느냐 하는 것보다 이 교회가 얼마나 성령님의 다스림을 받음으로 하나님이 기뻐하시는 일을 행하고 있는가가 더 중요하다. 그렇기 때문에 우리는 이 말씀을 명심해야 한다.

평안의 매는 줄로 성령이 하나 되게 하신 것을 힘써 지키라

몸이 하나요 성령도 한 분이시니

이와 같이 너희가 부르심의 한 소망 안에서

부르심을 받았느니라 엡 4:3,4

교회는 물론이고, 우리의 가정 안에서 평안의 매는 줄로 성령이 하나 되게 하신 것을 힘써 지키는 우리 모두가 되길 바란다. 남편과 아내가 성령 안에서 기쁨으로 하나가 되고, 한 방향으로 자녀를 양육하는 성령의 역사하심이 있기를 바란다.

사실 너무나 혼란한 이 시대에 하나 되는 것이 그리 쉽진 않다. 그렇기 때문에 성 프란시스코의 기도가 필요한 것 같다.

주여,

나를 평화의 도구로 써주소서

미움이 있는 곳에 사랑을

다툼이 있는 곳에 용서를

분열이 있는 곳에 일치를

의심이 있는 곳에 믿음을 심게 하소서

이 기도가 응답될 수 있는 조건은 딱 하나다. 성령님이 나를 다

스려주실 때 가능하다.

약속에 근거한 꿈의 회복

성령님이 주도하시는 부흥이 일어나면 나타나는 현상이 하나 더 있다. 약속에 근거한 꿈이 회복된다는 것이다.

사도행전에서 일어난 강력한 성령강림 사건 이전에 일어난 일을 살펴보자.

오순절 날이 이미 이르매 그들이 다 같이 한곳에 모였더니 행 2:1

이들은 모두 한 마음으로 한곳에 모여 성령의 충만을 간절히 부르짖었다. 여기서 중요한 것은 이처럼 그들이 간절히 기도할 수 있었던 원동력이 어디서 나왔을까 하는 것이다. 그 원동력은 예수님께서 주신 약속에 있었다.

사도와 함께 모이사
그들에게 분부하여 이르시되
예루살렘을 떠나지 말고
내게서 들은 바 아버지께서 약속하신 것을 기다리라

요한은 물로 세례를 베풀었으나

너희는 몇 날이 못되어

성령으로 세례를 받으리라 하셨느니라 행 1:4,5

이 약속의 말씀이 있었기에 그들은 함께 모여 기도할 수 있었고, 그렇게 한곳에 모여 기도하다가 강력한 성령님의 임재를 체험할 수 있게 된 것이다. 이것이 얼마나 중요한지 모른다. 우리가 꿈을 꾸되, 그 꿈은 주님의 약속하심을 근거로 하는 꿈이어야 한다.

나는 이 땅을 떠나는 날까지 '꿈꾸는 목사'가 되기를 원한다. '교회가 이 만큼 커졌으니 이제 더 이상 이룰 것도 없고 바랄 것도 없다'고 현실에 만족하고 안주하는 목회자는 되지 않기를 간절히 바란다.

교회는 그 크기와 상관없이 하나님의 약속을 바탕으로 꿈꾸는 공동체가 되어야 한다. 가정도 마찬가지다. 먹을 것이 없어서 가정이 어려운 것이 아니라 현실에 안주하며 꿈꾸지 못하기에 문제가 생기는 것이다.

이처럼 꿈을 회복하는 것이 중요하다. 하지만 더 중요한 것은 그 꿈이 하나님의 약속을 근거로 하는 꿈이어야 한다는 것이다.

약속, 꿈꾸게 하는 힘

성도들의 꿈이 회복되기를

어느 주일엔가 날씨가 좋아 모처럼 집에서 교회까지 걸어 왔다. 1부 예배가 시작되기 전이니 아침 6시쯤 되었을 때인데, 그날따라 예배 드리러 교회를 향해 걸어가는 성도들의 모습이 유난히 힘들어 보였다. 어깨를 축 늘어뜨린 채 교회로 들어가는 성도들의 뒷모습을 보니 마음이 아팠다. 저절로 기도가 나왔다.

'하나님, 성도들이 저렇게 피곤하고 지친 상태로 교회를 향해 걸어가고 있지만 오늘 예배 시간에 강한 성령님의 은혜를 경험하여, 예배가 끝나 교회 문을 열고 나갈 때는 새 힘을 회복시켜주세요. 잃어버린 꿈을 회복시켜주시는 하나님의 은혜로 벅찬 가슴을 안고 교회 문을 열고 나가는 은혜를 주시기 원합니다.'

성령님이 임하시면 이런 일이 가능한 줄로 믿는다.

아픔이 약속의 꿈으로

성령 충만을 받고 뜨겁게 기도하는 예수님의 제자들을 향해 사람들이 "저들이 술에 취했다"고 비난하자, 베드로가 이런 설교를 했다.

> 이는 곧 선지자 요엘을 통하여 말씀하신 것이니
> 일렀으되 하나님이 말씀하시기를

말세에 내가 내 영을 모든 육체에 부어주리니
너희의 자녀들은 예언할 것이요
너희의 젊은이들은 환상을 보고
너희의 늙은이들은 꿈을 꾸리라 행 2:16,17

베드로의 요지가 무엇인가? 자신들이 술에 취한 게 아니란 것이다. 하나님의 약속의 말씀을 근거로 그 약속을 가지고 하나님께 구했더니 성령께서 그 약속을 성취해주셨다는 것이다.

오늘날 세상 사람들이 교회를 향해 비난할 때 우리도 베드로처럼 이렇게 멋지게 말해줄 수 있다면 얼마나 좋겠는가.

성령의 꿈으로 다시 일어난다

루게릭병으로 꼼짝없이 침대에 누워서 생활하고 있는 박승일 형제가 있다. 대소변도 누군가의 도움을 받아야 하고, 유일하게 움직일 수 있는 것은 눈동자뿐이다. 이런 생활이 무려 14년째 이어지고 있지만, 오늘도 이런 그를 지탱해주는 힘이 있다. 바로 성령께서 그분과 함께하는 자들에게 약속을 바탕으로 주시는 꿈이다.

그것이 무엇인가 하니, 루게릭요양병원을 건립하는 꿈이다. 그 꿈이 지금도 이 형제의 가슴을 뛰게 한다.

약속, 꿈꾸게 하는 힘

언제가 이 형제의 집을 방문했더니, 내게 이런 부탁을 했다.

"목사님, 저 좀 도와주세요. 일어날 수 있도록 도와달라는 게 아닙니다. 저처럼 루게릭병으로 고통하는 환자들과 가족을 위해 병원을 건립하고 싶은데, 목사님이 좀 도와주세요."

그 모습이 참 놀랍고 아름다웠다. 몸을 움직이지 못해 하루 종일 침대에 누워 지내야 하는 형제에게 이런 놀라운 꿈을 주신 분이 하나님이시다. 누가 이런 꿈 때문에 가슴 벅차하는 이 형제를 초라하다 말할 수 있겠는가?

지금 많은 젊은이들이 개천에서 용이 날 수 없는 시대를 탓하며 꿈을 잃어가고 있다. 태어나보니 흙수저인 자신의 신세를 그저 한탄할 뿐이다. 그렇게 생기를 잃어가는 우리의 다음세대에게 우리가 성령의 꿈을 전해줄 수 있게 되기를 기도한다. 그런 교회가 될 수 있기를 꿈꾼다.

얼마 전에 책 한 권이 눈에 띄었다. 제목이 《교회 다시 꿈꾸다》였다. 책과 함께 엽서가 몇 장 들어 있었는데, 가장 앞에 있던 엽서에 이 말씀이 적혀 있었다.

그 작은 자가 천 명을 이루겠고 그 약한 자가 강국을 이룰 것이라 때가 되면 나 여호와가 속히 이루리라 사 60:22

약속을 주시고, 그 약속에 근거한 꿈을 주시며, 그 꿈을 친히 이루어주시는 분이 우리의 하나님이시다. 성령의 충만함으로, 하나님의 약속의 말씀으로 주어진 하나님의 꿈이 회복되는 것, 바로 이것이 부흥이다!

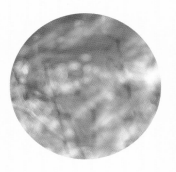

약속, 꿈꾸게 하는 힘

오늘 살 힘

초판 1쇄 발행　2016년 6월 29일
초판 11쇄 발행　2020년 12월 29일

지은이　　　　이찬수

펴낸이　　　　여진구
책임편집　　　이영주
편집　　　　　최현수 안수경 최은정 김아진 정아혜 정선경
책임디자인　　마영애 노지현 조아라 조은혜
기획·홍보　　김영하　　　　　　　　　　　해외저작권　기은혜
마케팅　　　　김상순 강성민 허병용　　　　마케팅지원　최영배 정나영
제작　　　　　조영석 정도봉　　　　　　　　경영지원　　김혜경 김경희

303비전성경암송학교 유니게과정　박정숙 최경식
이슬비전도학교 / 303비전성경암송학교 / 303비전꿈나무장학회　여운학

펴낸곳　　　　규장

주소　06770 서울시 서초구 매헌로 16길 20(양재2동) 규장선교센터
전화　02)578-0003　　팩스　02)578-7332
이메일　kyujang0691@gmail.com　　　홈페이지　www.kyujang.com
페이스북　facebook.com/kyujangbook　　인스타그램　instagram.com/kyujang_com
카카오스토리　story.kakao.com/kyujangbook
등록일　1978.8.14. 제1-22

책값　뒤표지에 있습니다.
ISBN 978-89-6097-455-5　03230

규 | 장 | 수 | 칙

1. 기도로 기획하고 기도로 제작한다.
2. 오직 그리스도의 성품을 사모하는 독자가 원하고 필요로 하는 책만을 출판한다.
3. 한 활자 한 문장에 온 정성을 쏟는다.
4. 성실과 정확을 생명으로 삼고 일한다.
5. 긍정적이며 적극적인 신앙과 신행일치에의 안내자의 사명을 다한다.
6. 충고와 조언을 항상 감사로 경청한다.
7. 지상목표는 문서선교에 있다.

하나님을 사랑하는 자 곧 그의 뜻대로 부르심을 입은 자들에게는 모든 것이 合力하여 善을 이루느니라(롬 8:28)

Member of the
Evangelical Christian
Publishers Association

규장은 문서를 통해 복음전파와 신앙교육에 주력하는 국제적 출판사들의
협의체인 복음주의출판협회(E.C.P.A:Evangelical Christian Publishers
Association)의 출판정신에 동참하는 회원(Associate Member)입니다.